AZAM
BUJA

CIP-BRASIL. CATALOGAÇÃO NA PUBLICAÇÃO
SINDICATO NACIONAL DOS EDITORES DE LIVROS, RJ

S579a   Silva, Cesar Antonio Coradini da
           Azambuja : imigração italiana e o início da colonização sul-catarinense : famílias Coradini & Moretto / Cesar Antonio Coradini da Silva. – 1. ed. – Porto Alegre [RS] : AGE, 2024.
           159 p. ; 16x23 cm.

           ISBN 978-65-5863-308-2
           ISBN E-BOOK 978-65-5863-307-5

           1. Nomes pessoais. 2. Família – História. 3. Coradini (Família). 4. Moretto (Família). 5. Emigração e imigração. I. Título.

24-93639   CDD: 929.2
                             CDU: 929.52

Gabriela Faray Ferreira Lopes – Bibliotecária – CRB-7/6643

Cesar Antonio Coradini da Silva

Imigração Italiana e o Início da Colonização Sul-Catarinense

*Famílias
Coradini & Moretto*

Editora AGE

PORTO ALEGRE, 2024

© Cesar Antonio Coradini da Silva, 2024

Capa:
Marco Cena

Diagramação:
Júlia Seixas
Pedro Bidone

Supervisão editorial:
Paulo Flávio Ledur

Editoração eletrônica:
Ledur Serviços Editoriais Ltda.

Reservados todos os direitos de publicação à
EDITORA AGE
editoraage@editoraage.com.br
Rua Valparaíso, 285 – Bairro Jardim Botânico
90690-300 – Porto Alegre, RS, Brasil
Fone: (51) 3223-9385 | Whats: (51) 99151-0311
vendas@editoraage.com.br
www.editoraage.com.br

Impresso no Brasil / Printed in Brazil

AGRADECIMENTOS

1. À estimada prima Cacilda da Silva, pelos documentos que me enviou da Itália, e pelos dados familiares que me forneceu.

2. À Cheila Felipe, Publicitária, Funcionária Pública da Prefeitura Municipal de Pedras Grandes, SC, pela forma afetuosa como atendeu minha solicitação e de imediato identificou um dos meus *bisnonnos* maternos na relação de passageiros do Vapor Rivadávia, imigrante italiano de 1877, e também pelo livro que me enviou, intitulado *Colônia Azambuja, a Imigração Italiana no Sul de Santa Catarina*, de autoria de Eusébio Pasini Tonetto, Lenir Pirola e Idemar Ghizzo.

3. Ao estimado sobrinho Renato Mota, de Meleiro, pela organização e envio dos dados referentes aos pais e descendentes, bem como pela intermediação para me conseguir alguns dados referentes aos descendentes de uma tia, irmã da minha mãe.

4. Aos meus familiares próximos, remotos e demais colaboradores vinculados por laços parentais às famílias Coradini/Moretto.

MINHAS HOMENAGENS

1. A Agnaldo Filippi, Prefeito do município de Pedras Grandes, SC, terra natal de minha mãe e onde viveram os meus *nonnos* e *bisnonnos* maternos, imigrantes italianos, e filhos de imigrantes (localidades de Azambuja e Rio Cintra).

2. A Sandro Cirimbelli, Prefeito do município de Turvo, SC, minha terra natal.

3. A Cesar Antonio Cesa, Prefeito do município de Araranguá, SC, que também considero minha terra natal. Turvo foi emancipado de Araranguá depois que eu nasci.

4. A Eder Mattos, Prefeito do município de Meleiro, SC, onde vivi o início de minha infância e onde dei os primeiros passos no ensino primário (localidade de Novo Paraíso, atrás do morro de Meleiro).

5. A Arleu Preve, Secretário de Agricultura do município de Pedras Grandes, SC.

6. A Júlio Cesar Canceller de Olivo, Secretário de Turismo, Cultura e Esporte do município de Pedras Grandes, SC.

NOTA EXPLICATIVA

Vida muito difícil? Sim, a vida foi muito difícil; dificílima; eu diria, no limite da mais extrema pobreza que um ser humano pode suportar. Foi assim que aqueles abnegados imigrantes italianos iniciaram a vida quando chegaram em Azambuja, SC, para colonizar terras naquela região. As 292 pessoas que lá chegaram em 28 de abril de 1877, dentre as quais os meus *bisnonnos* (bisavós), eram pessoas trabalhadoras, muitas delas pais de família; eram mulheres, homens, crianças e adolescentes que saíram da Itália, fugindo da miséria em que se encontravam, na região norte, exercendo atividade agrícola naquele país, imigrando em solo brasileiro, onde lhes fora prometida riqueza, com a possibilidade de retorno ao país de origem quando quisessem. Mas a promessa não era real. A vida miserável que viviam lá não deixou de existir aqui, no início e por algum tempo; apenas mudou de endereço.

No primeiro dia de Azambuja e de Rio Cintra, os italianos tiveram que se contentar com o que os esperava: habitação de rancho de pau a pique, coberto de palha, com as paredes feitas de barro amassado sobre bambu ou taquara, gradeado, semelhante a um aramado, com o piso frio de chão batido; às vezes vertendo água da chuva. Inicialmente a alimentação provinha mais da caça e da pesca; mas dentre os animais que consumiam, sobreviviam também, por toda parte, aqueles animais peçonhentos e ferozes; sem contar ataques e ameaças dos índios, conhecidos por bugres, na região.

Retornar à terra natal era um sonho impossível de se tornar realidade; não dispunham das mínimas condições, não só para custear a viagem, como também para encontrar alguma atividade que lhes viesse a garantir o sustento no país de origem. Tiveram que suportar novamente a dor da miséria, mas, com muita disposição para o trabalho, não perderam tempo; foram à luta; porque lhes era deveras necessário garantir o sustento da família.

O governo oferecia muito pouco. Era insuficiente para o sustento da família. Não tinham nenhuma outra opção; era "vencer ou morrer". E com muito trabalho e persistência, foram vencendo aos poucos, cultivando a terra, que era inicialmente fértil o suficiente para plantar e colher bons frutos. E assim, lentamente, sempre com muito sacrifício, foram vivendo e vencendo todos os obstáculos que encontravam pela frente, expandindo a colonização, a partir daquele núcleo: Azambuja e Rio Cintra. E esses mesmos corajosos imigrantes, ao longo dos anos de muito sacrifício, foram avançando por toda a região Sul-Catarinense, até que a colonização se desenvolveu e floresceu, numa larga faixa de terra delimitada pelo mar, de um lado, e do outro, por uma faixa coberta por matas verdejantes de variadas matizes, cobrindo a região serrana que se estende por muitos quilômetros, adornando terras catarinenses e gauchas e, ao mesmo tempo, formando uma pitoresca, fascinante, deslumbrante paisagem, com incomparável beleza, que reflete aos olhos de todos quantos a descortinam. É a magia da natureza silenciosa, que se põe adormecida, tornando mais encantador o horizonte naquela região.

Ao sul, a denominada colonização Sul-Catarinense encontra limite no vizinho Estado gaúcho. Foram longos anos de sacrifício, mas hoje pode-se dizer que aqueles bravos imigrantes italianos de Azambuja e Rio Cintra transmitiram e continuam transmitindo de pai para filho essa incontida vontade de crescer pelo trabalho, duro e honesto; e, devagar, venceram a tarefa a que se propuseram ao longo dos anos. Demorou, mas venceram.

E eu, que inicialmente tive a ideia de escrever a árvore genealógica da família Coradini e Moretto, imigrantes também protagonistas da colonização iniciada em Azambuja, mudei um pouco de rumo depois de pesquisas que me induziram e conduziram ao âmago da convivência de tão bravos imigrantes italianos, que aportaram em solo brasileiro, nos idos de 1877, e que enriqueceram e ampliaram meus conhecimentos, levando-me a ter agora uma visão mais completa e aprofundada a respeito de todo o período que abrange os iniciais sentimentos migratórios, passando por movimentos de emigração e finalizando com a imigração propriamente dita, em Azambuja e Rio Cintra, interior do município de Tubarão, SC.

Sim, mudei um pouco, mas somente a forma, a maneira do que eu queria expressar, do que eu queria transmitir publicamente. Mas não abandonei o conteúdo. O propósito inicial permaneceu: da "emigração" à "imigração" italiana; do início da colonização, no ano de 1877, em Azambuja, SC, com muita pobreza, ao desenvolvimento e à prosperidade; sem omitir a genealogia da família Coradini/Moretto.

Então, a mudança não foi na totalidade; não, porque não me omiti, não abandonei e, portanto, escrevi, de uma forma ainda que um pouco mais dispersa, em alguns pontos; em outros, mais concentrada, com descrição de situações, talvez, mais importantes da história familiar, a partir de meus *bisnonnos* e *nonnos* maternos, imigrantes italianos em Azambuja, SC. Procurei abranger todos os familiares, ou quase todos, fazendo referência direta ou indireta aos Coradini/Moretto.

Reconheço, porém, que fiz uma autobiografia sobre mim, incluindo meus familiares mais próximos; mas pode-se extrair daí um significado talvez mais abrangente, levando-se em consideração o contexto do que foi escrito, das primeiras palavras à conclusão do trabalho de pesquisa que realizei.

Como bem observa Paulo Flávio Ledur[1], "... É exatamente aí, na exploração do contexto, que reside o poder maior da comunicação. O sentido primário das palavras é pobre; ricos são as relações e o contexto". Influenciado pela situação miserável que viveram os imigrantes italianos em Azambuja e que aos poucos foram evoluindo em muitos aspectos, de geração a geração, até chegarem, no geral, a uma situação confortável de prosperidade, como se encontram atualmente, é que tive essa intuição e passei a escrever sobre mim, a partir de uma extrema linha de pobreza, que vivi, com evolução a passos lentos, no início, e a passos um pouco mais rápidos e progressivos com o passar do tempo, perseguindo melhores condições de vida em todos os sentidos, ou seja, o aprimoramento intelectual, cultural, social e econômico; mas sempre com muito sacrifício. E foi assim que me espelhei

---

[1] *Escreva Direito, Pecado da Linguagem Jurídica*, Porto Alegre, Editora AGE, 2023, p.14.

e me inspirei para escrever um pouco sobre o percurso pelo qual foi conduzida a minha história de vida; repito, inicialmente com muito sacrifício e incertezas; melhorando aos poucos, até alcançar um patamar socioeconômico satisfatório.

Então, escrever mais sobre mim e minhas circunstâncias não significa exibicionismo; tem mais o sentido de expressar a angústia, a miséria, o lado inculto de um povo, que eu também vivi, e com dificuldade de conquistas mais rápidas, dos objetivos delineados no tempo, sempre em busca de uma vida individual e familiar mais digna e sem tanto sacrifício, com harmonia entre estabilidade familiar, sociocultural e financeira.

SUMÁRIO

Introdução 19

I   Fragmentos históricos das famílias Coradini/Moretto e o início da imigração e colonização italiana no Sul-Catarinense .. 23
       1   Principal causa do movimento migratório italiano 23
       2   Tempos mais difíceis para o chefe de família italiano e a intensificação da causa emigratória 24
       3   Insensatos e temidos feudatários italianos 25
       4   Mais motivação para o movimento migratório italiano 26
       5   O início da emigração italiana 27

II   A política colonizadora do governo imperial brasileiro 29
       1   Incentivo à colonização 29
       2   O contrato e início da Colonização Sul-Catarinense 30

III   Preparação e início da travessia atlântica pelos emigrantes italianos 31
       1   Campanha, propaganda enganosa dos agentes contratados e promessas não cumpridas aos novos imigrantes 31
       2   Início da imigração e colonização italiana em Santa Catarina 32
       3   A família Corradini (Coradini)/Moretto e outros italianos em viagem da Itália para o Brasil 33
       4   Do Porto de Havre, na França, ao país dos sonhos – o Brasil – pelo Vapor Rivadávia 34
       5   A chegada em Azambuja e a constatação da triste realidade 34
       6   Desbravamento para a sobrevivência 36

IV   Os Corradini (rr) Coradini (r) e Moretto na primeira leva de imigrantes sul-catarinenses 37
       1   Corradini (rr), sobrenome de origem 37
       2   Fragmentos da origem remota dos sobrenomes Corradini (rr)/ Coradini (r) e Moretto 39

	3 Correção oficial do sobrenome Corradini (rr)/Coradini (r) 41	
V	Meus *bisnonnos* maternos: Simone Luigi Corradini e Erminia Bonioti 43	
VI	Meus outros *bisnonnos*: Pietro Giovanni Moretto e Catterina Giovanna Lovato 45	
VII	A consolidação da colonização em Azambuja que os Coradini/Moretto iniciaram lado a lado com outros imigrantes italianos 47	
	1 Italianos lado a lado do início à consolidação da Colonização em Azambuja 47	
	2 A imigração de meus *bisnonnos* com a filha recém-nascida Carolina Moretto e outros filhos 48	
	3 A união das famílias Coradini/Moretto por laços matrimoniais... 49	
	4 O casamento de meus *nonnos* *49*	
	5 Retornando à grafia do sobrenome Coradini 50	
VIII	Origem de meus *bisnonnos* maternos e filhos 51	
IX	Meus *nonnos* maternos 52	
X	Mudança de meus *nonnos* maternos e de meus pais 54	
	1 Novo endereço de meus *nonnos* maternos 54	
	2 Mudança de endereço de meus pais 55	
XI	A difícil atividade agrícola familiar de subsistência 56	
	1 Atividade agrícola rudimentar 56	
	2 Desenvolvimento agrícola e tecnológico entre os descendentes de meus ancestrais 58	
XII	Remanescentes da família de meus *nonnos* Coradini/Moretto e de meus pais na colônia italiana sul-catarinense 59	
	1 Ancestrais e descendentes 59	
	2 Alguns descendentes de meus avós paternos 60	
XIII	Curiosidades sobre o surgimento do sobrenome Silva – sobrenome de meu pai 61	
XIV	Relação da família Coradini/Moretto do lado de minha mãe com o sobrenome Silva de meu pai 63	

XV	Novas mudanças, novos desafios.. 65	
	1 Novos endereços 65	
	2 Alguns desafios no cultivo da terra 65	
	3 Surgimento de novos irmãos, primeiros casamentos e meu espontâneo afastamento da casa de meus pais............................. 67	
XVI	Meus pais e descendentes... 68	
	A Pais 68	
	B Filhos e descendentes 68	
XVII	A família de meu irmão Valdemar e descendentes 70	
	A Pais 70	
	B Filhos e descendentes 70	
XVIII	O desenvolvimento da agropecuária na região de Meleiro com a participação do meu irmão Valdemar, Adelina, descendentes e afins.. 72	
	1 O desenvolvimento mais avançado da agropecuária 72	
	2 Aperfeiçoamento técnico na agricultura e na pecuária 72	
XX	Família de minha irmã Elsa e descendentes 74	
	A Pais 74	
	B Filhos e descendentes 75	
XXI	Família de Cesar Antonio Coradini da Silva e descendentes: a minha família... 78	
	A Pais 78	
	1 Fragmentos históricos 78	
	2 Novos tempos, primeiros anos de vida 80	
	3 Novas mudanças: meus primeiros passos no Ensino Primário 80	
	4 Novas atividades depois da roça e a grande ajuda de meu pai 80	
	5 Perseguindo novos caminhos, exercendo novas atividades 81	
	6 Minha viagem a Porto Alegre e minhas aventuras na grande cidade... 82	
	7 Meu primeiro emprego em Porto Alegre 84	
	8 Primeiros pensamentos e primeiros passos para ingressar na polícia... 85	
	9 Meus primeiros passos no Concurso de Guarda de Trânsito 86	
	10 Minha aprovação no concurso para Guarda de Trânsito 88	

11 O Curso de Guarda de Trânsito na Escola de Polícia
e a minha subsistência até a nomeação 89
12 A retomada do ensino regular e o meu progresso profissional 91
13 Início e conclusão do curso de preparação ao Ginásio 92
14 Minha Admissão ao Ginásio, a dificuldade na continuidade
e conclusão do curso e Concurso de Escrivão de Polícia 93
15 Curso Ginasial terminado, alguns tropeços nos estudos,
e o meu envolvimento amoroso 96
16 Casamento com Alice, retomada e novo progresso nos estudos ... 98
17 Nascimento das minhas filhas 101
18 Concursos para as carreiras de Delegado de Polícia e
de Promotor de Justiça 103
19 Promotor titular de Jaguari e substituto de Santiago 106
20 No Tribunal do Júri em Santiago 106
21 Minha promoção a Promotor de Segundo Entrância 106
22 Minha promoção a Promotor de Terceira Entrância 107
23 Minha permanência nas duas Promotorias de Soledade 108
24 Atividades da então Promotora, hoje em final de carreira
como Procuradora de Justiça, Dra. Maria Ignez
da Costa Franco Santos. 108
25 Meu último júri em Soledade 109
26 Último júri da carreira e minha remoção para
Novo Hamburgo, RS 111
27 Convite para lecionar na Faculdade de Direito
da UNISINOS 111
28 Um pouco de transtorno em face de minha promoção e
a volta à normalidade 112
29 Magistério que exerci na Escola Superior do Ministério Público
e na Escola Superior de Advocacia e palestras que proferi 113
30 Cursos que fiz na área do Direito e minha aposentadoria
também no magistério 113
31 Obras que escrevi, que foram publicadas 114
32 O meu sobrenome Coradini 115
33 Minha viuvez 116

XXII Descendentes de Cesar Antonio Coradini da Silva e
de Alice Sfair da Silva 119

XXIII	Aurea da Silva Borges, Aparício Miguel Borges (ambos *in* óbito) e descendentes	124
	A Pais	124
	B Filhos	124
XXVI	Darci da Silva, Marlene da Silva e descendentes	127
	A Pais	127
	B Filhos	127
XIV	Joacir da Silva, Dilza Pinto da Silva (*in* óbito) e descendentes	129
	A Pais	129
	B Filhas	129
XXV	Lorena da Silva e descendentes	130
	A Pais	130
	B Filho	130
XXVI	Celso da Silva, Teresinha Vieira Martins e descendentes	132
	A Pais	132
	B Filhos	132
XXVII	Cleusa da Silva e descendente	134
	A Pais	134
	B Filho	134
XXVII	Arino Bento da Silva, Giusepina Coradini e descendentes	135
	A Pais	135
	B Filhos e descendentes	136
XXVIII	David Coradini, Ademi Pinguello e descendentes	138
	A Pais	138
	B Filhos e descendentes	138
XXIX	Alguns comentários sobre as irmãs e os irmãos de minha mãe	140
XXX	Outra duradoura convivência amorosa	149
Conclusão		152

INTRODUÇÃO

Pouco tempo atrás fui despertado por documentos que recebi de minha prima Cacilda a respeito de alguns de nossos ancestrais em comum; sim, em comum porque os pais da Cacilda são irmãos de meus pais. Explico: o pai da Cacilda, o tio Arino, é irmão de meu pai, e a mãe dela, a tia Giusepina, é irmã de minha mãe.

Esses documentos que recebi, somados a outros que consegui em pesquisas que realizei, revelavam nomes de nossos antepassados: alguns, filhos de imigrantes italianos, nascidos no Brasil; outros, de imigrantes propriamente ditos, vindos diretamente da Itália, em 1877, pelo Vapor Rivadávia (navio); e outros ainda vindos posteriormente, entre 1877 e 1885. Todos radicados na localidade de Azambuja e arredores, à época pertencente ao município de Tubarão, SC, deram início à Colonização Italiana Sul-Catarinense.

Meus ancestrais de sobrenome Corradini (rr)/Coradini (r), integraram a primeira leva de 294 imigrantes vindos da Itália em 1877, e os outros ancestrais imigrantes de sobrenome Moretto chegaram também em Azambuja, mas por volta do ano de 1881. Mas ressalto que também no Vapor Rivadávia, em 1877, integrava a relação de passageiros, italiano com o sobrenome Moretto; porém, desde já posso afirmar que não encontrei vínculo parental com os Moretto que imigraram em Azambuja, em 1877; mas, sim, com os Moretto que imigraram mais tarde, por volta de 1881, dentre eles meus *bisnonnos* (bisavós), pais de minha *nonna* Carolina Moretto, nascida no dia 12 de maio de 1880, na Vila Bartolomea, Província de Verona, Itália.

Tanto o casal Simone Luigi Coradini e esposa Erminia Bonioti, quanto Pietro Giovanni Moretto e esposa Catterina Giovanna, que imigraram para Azambuja, Tubarão, SC, são meus *bisnonnos* por parte de mãe. É que minha mãe, Aurora Coradini, também natural de Azambuja, é filha de Antonio Coradini (filho de Simone Coradini); e de Carolina Moretto (filha de Pietro Giovanni Moretto).

Depois de tornar conhecidos esses nomes, procurarei me aprofundar um pouco mais nos detalhes familiares, como origem dos sobrenomes; região e localidade de origem; bem como as principais causas da emigração da Itália para o Brasil, e muitos outros aspectos que se fizerem necessários à elucidação dos motivos daquela emigração em massa, que ocorreu em 1877, em especial do norte da Itália para o Brasil, bem como detalhes a respeito das condições familiares sob os vários ângulos, dentre os quais o econômico-financeiro, o mais relevante, acredito, em virtude da pobreza que a cada dia tomava conta daquelas famílias italianas.

Após tecer alguns comentários com base em elementos coletados na pesquisa, ainda que um tanto fragmentados sobre aspectos mais importantes no que diz respeito também à formação do Estado Italiano, devo esclarecer que o que existia era a união de várias unidades dispersas, que se constituíam como se pequenos Estados fossem, mais que na realidade não o eram, uma vez que não tinham a organização completa de verdadeiros Estados. Na realidade, o que existia era apenas uma península italiana, que perdurou até meados do século XIX, toda ela fragmentada, dividida em reinos, ducados, repúblicas e principados, dotados de certa autonomia, mas não como se países fossem.

A conhecida unificação italiana na realidade aconteceu na segunda metade do século XIX e foi finalizada oficialmente no ano de 1871; sobre ela tratar-se-á mais detalhadamente de forma a demonstrar com clareza o que era e o que passou a ser o Estado Italiano, isto é, o Estado Italiano tal qual existe hoje.

Fragmentos históricos de um passado remoto sobre a terra dos meus antepassados serão abordados, inclusive alguns aspectos sobre a formação de sobrenomes e a origem do sobrenome Coradini (r), antes Corradini (rr).

Uma vez elucidados todos os detalhes a respeito do sobrenome Corradini (rr), com a posterior evolução para Coradini (r); ou seja, inicialmente escrito com dois "rr"; depois com um só "r", passarei a analisar os aspectos de caráter mais interno da família Coradini e, também, ainda que em menor dimensão, da família Moretto, tornando esses sobrenomes mais conhecidos, ou pelo menos mais visíveis, não só na Região Sul de Santa Catarina, como até mesmo em Azambuja, SC, para onde houve inicialmente a imigração. É que no curso do tempo essas famílias aos poucos de lá se afastaram, indo mais para o Sul do Estado.

Há que ressaltar que até mesmo dentre alguns dos próprios descendentes, dos mais antigos aos mais jovens, estendendo por toda a Região Sul do Estado, muitos ainda desconhecem esses sobrenomes, que estão ocultos nos sobrenomes deles; talvez também desconhecendo que integram a Colonização Italiana do Sul-Catarinense, da qual têm grande parcela de responsabilidade em sua formação, junto de outros imigrantes italianos com início em Azambuja, em 1877.

Então, à medida do possível serão desenvolvidos tópicos que se caracterizam como verdadeiras árvores genealógicas dentro de determinadas famílias mais específicas, que fazem parte de um mesmo clã; mas com o devido destaque aos que pessoalmente, no seio familiar, se esforçaram para levar uma vida menos sofrida e, por conseguinte, ter o devido reconhecimento familiar e social.

Refiro-me a uns poucos que se prepararam estudando e/ou trabalhando para levar uma vida mais digna e menos penosa.

Vão ser abordados muitos assuntos, alguns genéricos e outros de natureza mais específica, com o objetivo de alcançar todos os integrantes desses dois ramos das famílias Coradini/Moreto ou, pelo menos, abranger o número máximo possível de pessoas, com o máximo de detalhes de cada núcleo familiar, que se formou ao longo do tempo, a partir de 1877, na região sul-catarinense, mais especificamente em Azambuja, SC.

I FRAGMENTOS HISTÓRICOS DAS FAMÍLIAS CORADINI/MORETTO E O INÍCIO DA IMIGRAÇÃO E COLONIZAÇÃO ITALIANA NO SUL-CATARINENSE

1 Principal causa do movimento migratório italiano

A emigração da Europa para as Américas de um modo geral, na segunda metade do século XIX, e em especial para o Brasil, nesse mesmo período, tem muito a ver com os problemas de ordem sociopolítico-econômico, enfrentados por muitos europeus, especialmente pelos italianos, que, a cada momento, famílias inteiras sofriam com os reveses da política desorganizada dos detentores do poder, intencional ou não, que causavam profunda transformação socioeconômica, levando chefes de família ao desespero, por não mais disporem de meios suficientes a uma subsistência familiar digna. E ainda, sem quaisquer perspectivas de melhores dias, ainda que a longo prazo, capaz de possibilitar uma vida honrosa, menos penosa, para retornar à convivência harmoniosa, que um dia existiu, sem fome e sem tanta miséria e, por conseguinte, sem tanto sofrimento capaz de abalar todo o núcleo social – a família –, base de uma sociedade de pessoas livres, com sonhos de ainda vir a ser próspera novamente, como já fora em tempos passados, humilde, mas sem fome e sem humilhação.

2 Tempos mais difíceis para o chefe de família italiano e a intensificação da causa emigratória

Tanta aflição no círculo familiar, com incontido sofrimento se alastrando entre os pequenos agricultores, já debilitados pelos reflexos da desnutrição, da fome; pais de família desesperados por não vislumbrarem mais nenhuma possibilidade de ganhar a vida dignamente, porque da terra já não mais podiam retirar o sustento, como outrora faziam, chegaram ao limite do desespero, porque de outro modo não tinham mais como recompor aquela situação desesperadora em que se encontravam, livrando-se da desnutrição, advinda de tanta miséria, que se alastrava a cada momento, abalando a todos de forma a levar chefes de família ao desespero; exceto uns poucos poderosos feudatários, que seguiam se adonando de tudo, sem limite e sem piedade daquele povo sofrido e já desesperado. E as terras diminuindo cada vez mais para o pequeno agricultor, tornando-se minimamente produtivas, quer pelo tamanho da propriedade, ou pela redução da fertilidade, sem mais oferecer condições ao plantio, necessário para amenizar a fome daqueles que no passado se sentiam orgulhosos ao retirarem delas o sustento familiar.

A situação miserável desses colonos italianos chegara ao limite naquele período, agravada pela unificação e pela tardia, incipiente e fraca industrialização, como muito bem retrata o Pe. Luigi Marzano ao anotar que "(...) Naquele tempo a Itália nossa passara uma crise dolorosa. Os partidos revolucionários perturbavam a península; impostos e taxas atingiam sem remissão; a agricultura era descurada ou mantida por feudatários espoliadores; o pobre lavrador, flagelado pela 'pelagra' (subnutrição), era incapaz de sustentar e alimentar sua família"[2].

O trabalho agrícola autônomo foi desaparecendo em regiões inteiras, especialmente para os pequenos agricultores do norte da Itália,

---

[2] Marzano, Pe. Luigi. Coloni e missionari italiani nelle foreste Del Brasile. Beluno: Tipografia Piave, 1991, p.54. Apud Pasini, Eusebio; Guizzo, Idelmar; Pirola, Lenir: *Colônia Azambuja, A imigração no Sul de Santa Catarina*, Apagri, Florianópolis, 2015.

a partir de meados do século XIX, atingindo um ponto de tamanho desânimo e desespero, sem precedente, tornando aquela situação sem perspectiva de melhora, ou pelo menos de retorno ao passado, ainda que humilde, mas sem fome. Tudo isso foi a causa primeira, foi a principal motivação geradora do pensamento emigratório para algum lugar que oferecesse o mínimo necessário e capaz de possibilitar alguma mudança naquela situação tão desesperadora, naquele momento, até então nunca vista e sem qualquer esperança de um dia avistarem uma luz no fim do túnel, que significasse o sinal de um sonho ao retorno de uma vida menos cruel, física e psicologicamente, advinda da fome e da miséria no seio familiar.

3 Insensatos e temidos feudatários italianos

Os já conhecidos e temidos feudatários, exploradores dos humildes agricultores, que foram perdendo suas terras produtivas e se vendo obrigados a se submeter aos seus caprichos insensatos, ou até mesmo insanos, não visavam outra coisa a não ser à obtenção tão somente do lucro fácil, sem nutrir qualquer preocupação com aquela situação miserável dos pequenos e desesperados colonos. Ao contrário, enriqueciam cada vez mais às custas daqueles pobres arrendatários que, ao chegar o período de safra, lhes era arrebatada toda, ou quase toda a produção retirada das terras que já não mais lhes pertenciam, uma vez que o patrão havia se adonado delas para satisfazer seus escusos propósitos de opressão para facilitar a conquista e cada vez mais ir se tornando proprietário único da terra produtiva, com mais facilidade, sem qualquer resistência daquela gente debilitada e desanimada.

4 Mais motivação para o movimento migratório italiano

O camponês agricultor, já em sua maioria arrendatário, desolado pela contínua exploração pelo feudatário, depois de longo tempo de labor e dissabor, sem receber qualquer estímulo, quer do latifundiário, agora patrão, ou do poder público, foi também perdendo grande parte da força de trabalho, que era braçal, pela obrigatoriedade da prestação do serviço militar do jovem saudável, que era convocado para as batalhas nas guerras, onde muitos morriam, e, quando retornavam, muitos deles mutilados e, por conseguinte, sem mais poder oferecer condições mínimas de trabalho. Além disso, não recebiam qualquer tipo de indenização do poder público para reparar o dano sofrido. Mesmo diante de tanta penúria pela qual passava esse sofrido povo, não faltava gente do alto escalão do governo que tentava dissuadi-lo da ideia emigratória, crescente a cada dia que passava.

Eis que, nesse ínterim, surge do meio do povo uma voz que se levanta, ou seja, alguém irritado e inconformado com propostas vazias do governo, no sentido de obstaculizar o espírito emigratório, dirige-se a um ministro, assim manifestando-se por meio de carta: "Que coisa entendeis por uma nação, Senhor Ministro? É a massa dos infelizes? Plantamos e ceifamos o trigo, mas nunca provamos pão branco. Cultivamos a videira, mas não bebemos o vinho. Criamos animais, mas não comemos a carne. Apesar disso, vós aconselhais a não abandonarmos a nossa pátria? Mas é uma pátria a terra em que não se consegue viver do próprio trabalho?" Esta carta, motivada pela profunda indignação de um italiano, apenas, mas que na sua essência representava o sentimento de insatisfação de todos os que comungavam com aquele movimento migratório, encontra-se exposta no Memorial do Imigrante Italiano, em São Paulo. Por estar gravada num memorial exposto ao público, essa carta tornou-se pública e notória, tornou-se uma prova incontestável acerca daquele movimento migratório. Por isso, entendo seria dispensável a citação de qualquer outra fonte a respeito; todavia, não é demais ressaltar que essa carta, talvez pela relevância de seu significado, é também citada no livro *Colônia Azambuja, a Imigração Italiana no Sul de Santa Catariana*[3].

Mas essa gente unida por um só pensamento: o pensamento emigratório estava consciente de que o momento chegara; chefes de família, com aquela ideia já amadurecida, decidiram, sem mais delongas, optar pela emigração, cujo pensamento, antes sonhado, agora era o momento de torná-lo realidade.

5 O início da emigração italiana

Sem mais persistir qualquer dúvida a respeito da emigração, os italianos estavam convictos de que o momento chegara; e mais do que nunca, aquele entusiasmo tornou-se ainda mais vigoroso, com o surgimento, nesse meio tempo, de agentes enviados por um empresário brasileiro interessado em assentar colonos europeus, especialmente italianos, em terras brasileiras. É que esse empresário já havia se comprometido por meio de contrato formalizado na esfera do Governo Imperial, a trazer para o Brasil emigrantes europeus, preferencialmente italianos. Assim orientados, os agentes passaram, então, a estimular o propósito emigratório já consolidado entre aqueles colonos italianos. Na difusão que os agentes faziam, por meio de propaganda, que se pode dizer enganosa, afirmavam que o cultivo agrícola em terras brasileiras lhes possibilitaria amealharem grandes fortunas; que lá iriam encontrar um verdadeiro "Eldorado", etc. Tudo isso foi servindo, cada vez mais, de motivação para os italianos, que, uma vez já imbuídos desse espírito migratório, que há tempo vinham alimentando, passaram a se organizar e, por fim, a dar início à emigração para o Novo Mundo, em terras brasileiras.

Tudo pronto, agora era só seguir viagem; e assim fizeram. Como bem anota Amadio Vettoretti: "A 28 de abril de 1877, chegou em Azambuja a primeira leva de imigrantes italianos no sul-catarinense. Os imigrantes chegaram ao fim de uma longa e sofrida jornada e fo-

---
[3] Op.cit., p.18; Pasini Tonetto, Eusébio; Pirola, Lenir; Ghizzo, Idemar.

ram recepcionados por momento de pânico, decepções e lamentos. Num relance haviam se quebrado os dourados sonhos que embalavam as esperanças de encontrar na América 'il paese della cucaga', o Eldorado onde poderiam fazer fortuna rápida e retornar à Itália como senhores. Ali estavam diante de majestosa floresta e os barracos cobertos de palha eram os abrigos. Tudo por fazer".[4]

O sonho pouco antes sonhado de repente se torna pesadelo. Não havia outra solução a não ser enfrentar novamente as agruras da vida e iniciar de pronto, essa nova situação que se apresentou diante de seus olhos naquele momento de chegada em Azambuja, uma vez que retornar à Itália não mais era possível. Agora "...era vencer ou morrer...". Com imensuráveis sacrifícios, venceram, no dizer do historiador Renzo Grosseli, continua Vettoretti.

---

[4] *Os Italianos no Sul-Catarinense*, AGORA nº 33/34, p.8.

II A POLÍTICA COLONIZADORA DO GOVERNO IMPERIAL BRASILEIRO

1 Incentivo à colonização

Naquela época, ou seja, por volta de 1875, o Governo Imperial – pode-se dizer –, até mesmo bem intencionado, passou a se preocupar com a questão colonizadora, já que terras brasileiras para a agricultura não faltavam; ao contrário, eram abundantes na maior parte do país.

O Governo propôs-se, então, a oferecer algum estimulo à vinda de trabalhadores, em especial agricultores de outros países interessados em cultivar as terras que oferecia a preços módicos, e também o mínimo de suprimento, mas o necessário à subsistência familiar, para a iniciação do trabalho agrícola, que ao menos possibilitasse o engajamento junto à terra nos primeiros tempos; isto é, era oferecida uma espécie de ajuda de custa aos agricultores dispostos a trabalhar a terra, para o cultivo inicial, com o propósito de que cada um pudesse, a seguir, impulsionar por conta própria, o trabalho agrícola, de um modo geral, sem, contudo, se descurar de outras atividades necessárias ao desenvolvimento da região, que, à medida que ia sendo ocupada, se fazia necessária a diversificação das atividades, como a comercial, industrial e outras; até mesmo para fixar as famílias campesinas naquelas terras, com um pouco mais de conforto para desenvolver a principal atividade, que no início era quase que exclusivamente a agricultura familiar.

2 O contrato e o início da Colonização Sul-Catarinense

O Governo Imperial, então, alinhado com empresários, firmou contrato, que efetivamente veio a oferecer melhores condições aos imigrantes para o desbravamento e o cultivo de terras devolutas, expedindo, inicialmente, o Decreto nº 3.784, de 19 de janeiro de 1867, que aprovava e regulamentava a implantação de Colônias em terras brasileiras, oferecendo algumas garantias aos interessados colonizadores e, por conseguinte, estimulava o ingresso, não só dos italianos, mas também de colonos imigrantes de outros países europeus.

"(...). O Brasil possuía uma péssima imagem na Europa, devido às experiências de imigração anteriores, e essa lei veio a amenizar a situação e retomar o processo, reforçado pelo Decreto nº 5.663, de 17 de junho de 1874, que autorizava a celebração de um contrato entre o Governo Imperial Brasileiro e Joaquim Caetano Pinto Junior para importar 100 mil imigrantes europeus"[5]. A partir daí, delineado e firmado, por fim, o contrato, a vinda dos imigrantes europeus foi facilitada; até que em pouco tempo passou a ser possível o início da colonização sul-catarinense.

---

[5] Tonetto, Eusébio Pasini; Ghizzo, Idemar; Pirola, Lenir. *Colônia Azambuja – A Imigração Italiana no Sul de Santa Catarina*. Florianópolis: Epagri, 2015, p.19.

III PREPARAÇÃO E INÍCIO DA TRAVESSIA ATLÂNTICA PELOS EMIGRANTES ITALIANOS

1 Campanha, propaganda enganosa dos agentes contratados e promessas não cumpridas aos novos imigrantes

Contrato firmado, o empresário, agora com respaldo jurídico, mobilizou-se num sentido mais prático, para organizar a vinda ao Brasil dos emigrantes dispostos a enfrentar a perigosa travessia atlântica, com destino à "Terra Prometida". E para concretizar esse desiderato, houve por bem, o empresário Joaquim Caetano Pinto Júnior, instalar um escritório de apoio em Marselha, em solo francês. Sem mais delongas, iniciou na Europa, por intermédio de agentes contratados, talvez um tanto despreparados ou até mal intencionados, forte campanha, de forma exagerada, enganosa, portanto, com promessas que iam muito além do que tinha sido formalizado contratualmente, para recrutamento de agricultores, especialmente do norte da Itália, onde se concentrava maior número deles, porque assim previa o contrato, ou seja, que fossem trabalhadores com experiência agrícola. E isso os italianos tinham. Passou a ser grande a expectativa desses colonos, já bastante ansiosos para aportarem em terras brasileiras, e, por fim, concretizarem o tão esperado "sonho dourado": assentamento na "Terra Prometida"[6].

2 Início da imigração e colonização italiana em Santa Catarina

Um número significativo de italianos, em pouco tempo, concentrando esforços, fez aquele pensamento emigratório, antes apenas sonhado, em lampejo de realidade; e logo depois, com muito esforço e força compartilhados entre várias famílias, tornou-se efetiva a difícil e tão sonhada emigração para vários países da América do Sul, notadamente para o Brasil, e em especial para o sul de Santa Catarina, reconhecido como o início da primeira colonização italiana Sul-Catarinense, na localidade de Azambuja, à época freguesia[7], pertencente ao município de Tubarão e, por fim, ao município de Pedras Grandes, como é atualmente.

Sim, historicamente é reconhecida como a primeira colonização do sul de Santa Catarina, fato que veio a se concretizar em 28 de abril de 1877, com a chegada do primeiro grupo de imigrantes italianos; mas, na realidade, foi a terceira colonização do Estado, à época ainda Província de Santa Catarina, no Brasil Imperial. É que anteriormente, duas outras colonizações já tinham sido iniciadas na Província: a primeira, em 1836[8], na localidade, que deu origem ao atual município de São João Batista, SC, pelos imigrantes provenientes do Rei-

---

[6] Tonetto, Eusebio Pasini; Ghiso, Idemar; Pirola, Lenir. Op. cit, p.19.

[7] No Brasil Colônia, período imperial, o território brasileiro era dividido em Províncias, municípios e freguesias. Com a proclamação da República, em 15 de novembro de 1889, as Províncias foram transformadas em Estados, e as freguesias em municípios e, em geral, também em distritos. A divisão administrativa do país passou a ser da seguinte forma: Estados, Territórios, Distrito Federal, municípios e distritos. Posteriormente, porém, os Territórios foram substituídos por Estados.

[8] http://www.eaic.uem.br

no da Sardenha[9]; a segunda se deu pelos imigrantes italianos oriundos do Trentino Alto Ádige, conhecidos como imigrantes trentinos, em 1875, na localidade em que se situa o atual município de Nova Trento, SC. Na época, também imigrou para essa localidade a família Visentainer, com a filha Amábile, que veio a se tornar a primeira Santa do Brasil, em 2002, com o nome de Santa Paulina[10].

3 A família Corradini (Coradini)/Moretto e outros italianos em viagem da Itália para o Brasil

Dentre tantos outros italianos que deixaram a Itália com destino ao Brasil, na época uma espécie de "Terra Prometida", só a família **Corradini** (Coradini)/Moretto integrou a primeira leva de emigrantes, que se locomoveu do norte da Itália, de trem, inicialmente, até o Porto de Havre, na França; de lá, seguiu com outros sonhadores emigrantes, ao todo 294, pelo Vapor Rivadávia, que aportou em terras brasileiras, mais especificamente na cidade do Rio de Janeiro, no dia 10 de abril de 1877. No percurso de toda a travessia, iniciada de trem, na Itália, na Lombardia, o primeiro destino desse grupo de italianos de diversos pontos da Itália, mais da região norte, foi a França; mas para fins de conexão apenas; para, a seguir, embarcar com destino ao Brasil, destino final dos emigrantes, que iriam finalizar a viagem, agora transformando-se em imigrantes em terras brasileiras.

---

[9] Até meados do século XIX a Península italiana era constituída por reinos, ducados, repúblicas e principados, com muitas diferenças entre si. Ao norte, parte do território italiano era ocupado pelos austríacos, os quais foram expulsos entre meados do século XIX e 1871. Isso ocorrido, verificou-se a unificação italiana, formando agora um só país: o Reino da Itália, sob o reinado de Victor Manoel II. Fonte: texto escrito por Bezerra, Juliana, Professora de História: Unificação Italiana: site https://www.todamateria.com.br. >unificação-italiana.

[10] http://www.valeeuropeu.tur.

4 Do Porto de Havre, na França, ao país dos sonhos – o Brasil – pelo Vapor Rivadávia

Então, ato contínuo, cerca de dois dias depois, os italianos iniciaram a longa e difícil viagem, saindo do Porto de Havre, na França, em 17 de março de 1877, pelo Vapor Rivadávia, com destino ao Brasil, sob a responsabilidade do contratador de imigrantes Joaquim Caetano Pinto Júnior, indo aportar no Rio de Janeiro, no dia 10 de abril de 1877; a seguir, dos 294 passageiros, 292 embarcaram rumo a Nossa Senhora do Desterro, atual Florianópolis, Capital de Santa Catarina, agora no Vapor Rio de Janeiro para, logo após, seguirem em menores embarcações – as chamadas Paquetas –, embarcações costeiras, "que possibilitasse a entrada na barra da Laguna. Subindo pelo rio Tubarão, chegaram ao porto de Morrinhos, no dia 16 de abril, e no dia 28 já estavam em Azambuja"[11]. De Tubarão até Pedras Grandes, a viagem foi feita de carro de boi, onde imigraram, definitivamente, e foram assentados nas terras que lhes foram destinadas. Mas 2 passageiros daquela leva de 294 ficaram no Rio de Janeiro, numa hospedaria para, depois, seguirem para a Colônia Porto Real, naquele Estado.

5 A chegada em Azambuja e a constatação da triste realidade

Ao chegarem e avistarem a realidade com os próprios olhos, todo aquele otimismo, que havia tomado conta desses italianos, imposto pela propaganda irreal feita pelos agentes do Escritório do brasileiro Joaquim Caetano Pinto Júnior, instalado na França, cedeu lugar ao pessimismo. Abateu-se sobre essa pobre e tão sofrida gente, novamente o desespero. Muito pouco, ou quase nada, das promessas que lhes foram feitas, se concretizou. O que encontraram foram pequenas cabanas cobertas de palha para se abrigarem, miseravelmente, com a fa-

---

[11] Tonetto, Eusebio Pasini; Ghizzo, Idemar; Pirola, Lenir; Op. cit., p.20.

mília; entre matas, animais ferozes, peçonhentos e até índios, conhecidos por bugres, foi o que mais encontraram.

Mas como bem ressalta Amandio Vettoretti[12], então Diretor do Arquivo Público e Histórico de Tubarão, "(...) Aqui eles não foram ludibriados. A Comissão de Terras e Colonização e o Governo da Província forneceram o que tinham disponível: lotes de terra com cabanas, ferramentas, sementes, ajuda de custo através de emprego, por rodízio, de membros da família, na construção de estradas e obras públicas. Além de pagar a passagem transatlântica.

A Província era pobre, no entanto ofereceu o que possuía. Se os caminhos da colônia eram péssimos, precárias eram todas as estradas da Província. Saúde e higiene estavam abaixo da crítica nas colônias, não podia haver queixa no confronto: a precariedade se estendia em todos os recantos da Província. Se o imigrante formava um grupo de aproximadamente 80% de analfabetos, entre os nacionais, o índice subia um pouco mais"[13]. Sim, imperava o analfabetismo, mas não parece, na época, ter havido alguma preocupação do governo nesse sentido; porque poderia ter sido oferecido àquela gente, também, no mínimo, o ensino primário na colônia que agora, com a imigração, se tornara realidade.

Essa omissão pode também ter sido o motivo do crescente analfabetismo naquela época, não só na nova terra, que estava sendo colonizada; mas também em quase todo o país. Inclusive minha *nonna* (avó) Carolina Moretto, que chegou ao Brasil em 1881, e logo depois à Colônia Azambuja, com aproximadamente um ano de idade, juntamente com os pais, meus *bisnonnos* (bisavós), possivelmente não tenha sido alfabetizada por falta de meios adequados naquele distrito e nas proximidades. E a condição de analfabeta, da *nonna* Carolina,

---

[12] AGORA nº 33/34, p.9.
[13] Os Italianos no Sul-Catarinense, AGORA nº 33/34, p.9.

está devidamente comprovada pela sua certidão de casamento[14], em que ela declarara não saber assinar, por ser analfabeta, ou seja, declarou não saber ler nem escrever e, por isso, assinou a rogo àquele ato matrimonial, Lodovico Zanellato, morador daquela localidade.

6 Desbravamento para a sobrevivência

Como a situação era a que se apresentava naquele momento, sem mais possibilidade de retorno à terra natal e sem qualquer outra alternativa viável de melhora, sem perda de tempo, aqueles imigrantes partiram para o desbravamento com imensa dificuldade, inicialmente para o preparo agrícola da terra, capaz de trazer o sustento familiar, que era primordial, o mais urgente; depois, passaram a exercer, simultaneamente, outras atividades, como pequeno comércio, aperfeiçoamento e fabricação de rudimentares maquinários e toscos meios de processamento de tudo o que viessem a produzir, como a atafona (ou tafona), para a produção da farinha de milho e de trigo; o pilão, para descascar arroz, socado com a mão de pilão. O carro de boi (carro puxado a boi); a carroça puxada por cavalo, também usada como meio de transporte de carga e de passageiro, era o que tinham no momento, e que passaram a dispor, com certo aperfeiçoamento daí para a frente.

Seria desnecessário anotar que tudo o que produziam era de forma bastante precária, porque eram eles próprios que também, quase sempre, produziam os rudimentares maquinários e aperfeiçoaram os que já tinham, para que se tornassem mais adequados à produção do momento, que era pura obra da imaginação, que se constituía em invenção capaz de propiciar melhores condições à própria sobrevivência daqueles heróis, agora imigrantes, compostos de crianças, adolescentes, adultos, mulheres e homens de todas as idades.

---

[14] Certidão de Casamento de Antonio Coradini e de Carolina Moretto, de inteiro teor, fornecida pelo Cartório de Registro Civil das Pessoas Naturais de Pedras Grandes, SC, Livro 1-B, folha 179, sob nº 347.

IV OS CORRADINI (RR) CORADINI (R) e MORETTO NA PRIMEIRA LEVA DE IMIGRANTES SUL-CATARINENSES

1 Corradini (rr), sobrenome de origem

Todos aqueles imigrantes italianos, que se instalaram em Azambuja, pertenciam a famílias distintas, com sobrenomes os mais variados e que ao longo dos tempos, desde a origem, alguns vinham se modificando, mais em decorrência dos erros ocorridos por ocasião do registro de nascimento, casamento e óbito, do que por comportamento voluntário de cada um; assim ocorreu com a família, antes **Corradini (rr);** depois Coradini (r). Alterações de sobrenomes eram comuns no passado, e assim também ocorreu com o sobrenome antes Corradini, hoje, Coradini, que teve em tempos mais remotos, várias outras alterações, e assim foi ao longo dos tempos; desde a origem na Itália, até os mais recentes descendentes que, por fim, vieram a formatar, em caráter definitivo, o sobrenome **Coradini** (r) atual. Isso talvez pelo maior cuidado que passaram a ter os Oficiais do Registro Civil das Pessoas Naturais, ao levar a cabo os registros oficiais – de nascimento, casamento e óbito.

Há, contudo, que se observar que a grafia Corradini (rr) também era justificável pela própria natureza da língua italiana, que tem na pronúncia, algumas palavras aportuguesadas, às vezes carregadas no "r", como: ela está "corada" para ela está "corrada"; outras vezes, suprimindo um r, como na palavra "morro", por exemplo, que é pronunciada como "moro", o que pode ser uma das causas também.

A Certidão de Casamento religioso dos meus *nonnos* (avós) maternos, por exemplo, realizado no dia 22 de junho de 1901, expedida pela Paróquia Nossa Senhora da Conceição, de Urussanga, pertencente à Diocese de Tubarão, SC,[15] ele, Antonio **Corradini** (destaquei), com 22 anos de idade, filho de Simone **Corradini (rr)** e de **Ernesta Bognott** (destaquei), meus *bisnonnos* (bisavós). Esses nome e sobrenome Ernesta **Bognott** (destaquei) mais tarde também sofreram alterações); ela, minha *nonna* (avó) Carolina Moretto, com 20 anos de idade, filha de Pietro Moretto e de Catterina Lovato. Esse registro de casamento religioso, revela que ainda é conservada a grafia do sobrenome **Corradini (rr)**, que depois, ao longo do tempo, evoluiu para **Coradini (r)**.

Então, como já salientado, o casamento religioso realizado entre Antonio **Corradini** (destaquei) e Carolina Moretto, meus *nonnos* (avós), é o marco inicial, no sul-catarinense, devidamente documentado, de várias gerações posteriores, que foram se ramificando; chegando até hoje, com os sobrenomes **Coradini (r)** e Moretto, e quase a totalidade desses sobrenomes advindos dos meus *nonnos* (avós) Antonio **Corradini (rr), Coradini (r)**, e Carolina Moretto, passou a ficar oculta em cada membro dessa enorme família, que se formou, em virtude de outras peculiaridades, como sobrenomes que foram surgindo, no curso do tempo, que foram alterando, não só a consanguinidade originária, como também os sobrenomes originários, a partir dos sobrenomes de meus *bisnonnos* (bisavós) **Corradini (rr), Coradini (r)**, e Moretto. Mas foi uma normal evolução de todo o clã, cuja tendência é sempre, no futuro, a diversificação pela composição de novas famílias geradas pela união de pessoas de sexos opostos; geralmente, pelo tradicional casamento entre um homem e uma mulher.

---

[15] Certidão do casamento religioso de Antonio Corradini e Carolina Moretto.

Alterações ocorrem também, ou pelo menos ocorriam muito, quando o filho era registrado só com o sobrenome do pai, ignorando por completo o sobrenome da mãe. Mas na realidade não se tratava de alteração; o que ocorria era, na verdade, ocultação do sobrenome da mãe. No passado era mais frequente essa falta de cautela por parte do pai, uma vez que os registros de casamento e de nascimento eram mais de caráter religioso; eram feitos na igreja, e a omissão, ou ocultação do sobrenome materno acabou por se tornar costume entre as famílias e as igrejas.

2 Fragmentos da origem remota dos sobrenomes Corradini (rr)/Coradini (r) e Moretto

Na Itália de outrora, não existia, na realidade, o sobrenome **Corradini** ou **Coradini** com essas grafias; aliás, nem mesmo sobrenome existia; foi com o correr dos tempos que aos poucos foi surgindo a necessidade de melhor identificar as pessoas. Então, cada filho que nascia, além do nome, era colocado também, como uma espécie de sobrenome, o nome do pai, como, por exemplo, Jorge, filho de Ângelo, que evoluiu para Jorge D'Ângelo; João, filho de Alberto, passando a João D'Alberto, e assim por diante. Tinha mais o sentido de identificar o filho. Mas com o correr dos tempos, passou a existir uma variedade de sobrenomes que tinham grafias absolutamente diferentes. Muitos deles também surgiram como transformação de nomes de lugares, de cidades e até de animais, que no curso do tempo foram evoluindo para nomes e, depois, para sobrenomes, como aconteceu com o sobrenome Corradini, antes com denominação de cidades italianas, como Corrado na região da Liguria; Curretti, no Piemonte; Corradini, no Vêneto; Corra, em Trieste; Corridoni, na região de Marche; Correto, na região de Friulli, e assim por diante. Mas sobrenome parecido, ou até mesmo igual, nem sempre significava que as pessoas fossem parentes entre si. Só com o correr dos tempos é que se pode observar que certos sobrenomes foram evoluindo e, alguns, chegando a grafias que muito se assemelhavam e que eram adotados por pessoas da mesma família. Até que se desenvolveu ainda mais, indo formar uma grafia única, sem, contudo, se ter a certeza de ser aquele determinado sobrenome, apesar da mesma grafia, de haver nexo parental entre os que o adotavam.

Historicamente, alguns sobrenomes, embora da mesma estirpe, inicialmente com grafias absolutamente iguais, foram se modificando, sem, todavia, perderem o nexo parental, ou laços de consanguinidade.

Os **Coradini** de hoje, não se tem certeza absoluta de existirem antes com essa grafia **Coradini** na Itália, não; os sobrenomes que evoluíram para Coradini, e que estão devidamente comprovados, são aqueles com as grafias **Corradini**, **Corradino**, e outros sobrenomes semelhantes, espalhados por vários Estados do país, especialmente os da região Sul.

Não se tem absoluta certeza, mas tudo leva a crer que estão vinculados à mesma linhagem. Mas como o objetivo desse trabalho histórico de pesquisa que se está realizando não é, pelo menos por ora, o de abranger todos os sobrenomes **Coradini**, ou a ele relacionados, as apenas aos **Coradini** a partir de **Simone (Simoni) Corradini** (ou **Coradini**), vindo do norte da Itália com sua família, e que imigrou no Brasil, mais especificamente em Rio Cintra, distrito de Azambuja, localidades pertencentes a Pedras Grandes, é que possivelmente se prossiga até a quarta ou quinta gerações, por se tratar de famílias compostas por muitos membros e que, com o tempo, foram se dispersando para diversas regiões do país, e até mesmo para fora do Brasil. Por isso, difícil se torna manter conexão de parentesco, de todos aqueles Coradini com raízes disseminadas por meus *bisnonnos* por parte de mãe: SIMONE LUIGI CORRADINI (Coradini) e ERMINIA BONIOTI (pais do *nonno* Antonio Coradini); PIETRO MORETTO e CATTERINA LOVATO (pais da *nonna* Carolina Moretto), com os demais Coradini descendentes de outros ancestrais diferentes daqueles que imigraram para Azambuja, meus ancestrais, ainda que com estes mantenham vínculo parental.

E assim também é a situação dos Moretto, cujos elementos históricos para pesquisa numa perspectiva mais remota, são insuficientes para se manter vínculo mais aproximado de parentesco com outros iguais sobrenomes Moretto, encontrados dispersos, mais para o Sul do país, como Rio Grande do Sul. São imigrantes italianos e muitos dos quais também ajudaram a iniciar e dar sequência, à colonização italiana do sul de Santa Catarina, lado a lado com os Coradini e muitos outros imigrantes oriundos da Itália, já no final do Governo Imperial, com início em 1877, prosseguindo depois no Governo Republicano, que se iniciou em 15 de novembro de 1889, data em que fora proclamada a República.

3 Correção oficial do sobrenome Corradini (rr)/Coradini (r)

A família Coradini, ao lado de outros italianos imigrantes, como antes salientado, também pioneira na colonização de Azambuja, era composta pelo casal Simone Coradini e Erminia Bonioti, mais os filhos do casal: a) Luigia, com 11 anos de idade; b) Luigi, com 6 anos; c) Assuntra, com apenas 1 mês de idade; estes nascidos na Itália; e d) Antonio Coradini, meu *nonno* (avô) e Angelo Coradini, nascidos no Brasil.

Anoto, entretanto, que na certidão de óbito de inteiro teor[16], recentemente obtida junto ao Cartório de Registro Civil das Pessoas Naturais de Pedras Grandes, SC, foram corrigidos os nomes e sobrenomes de meu *bisnonno* (bisavô), de **Simoni Coradini** para **Simone Luigi Corradini** (destaquei) e de minha *bisnonna* (bisavó), de Hermínia Coradini para **Erminia Bonioti** (destaquei).

Assim, fica esclarecido definitivamente, nomes e sobrenomes, que passaram a ser considerados corretos, de forma oficial. Antes, praticamente a cada registro feito, nome e sobrenome, constavam com grafias erradas, ora como **Simone Corradini**, ora como **Simoni Corradini** ou **Coradini**. E foi nessa mesma certidão de óbito que foi também retificado o nome de minha *bisnonna* (bisavó), de **Herminia Coradini**, para **Ermínia Bonioti**.

---

[16] Certidão de Óbito de Simone Luigi Coradini, Livro 1-C, folha 050, sob número 00145.

Então, Simone Luigi Corradini e Erminia Bonioti eram casados entre si, e tiveram seus nomes e sobrenomes corrigidos, na mesma certidão de registro de óbito dele; agora de forma oficial. Mas o sobrenome permaneceu ainda com a grafia **Corradini (rr)**.

A grafia **Coradini (r)**, em caráter definitivo e oficial, só passou a constar a partir do meu *nonno* (avô) **Antonio Coradini**, por ocasião do registro de casamento com a minha *nonna* (avó) **Carolina Moretto**, conforme revela a Certidão de Casamento de inteiro teor de ambos, expedida, a meu pedido, pelo Cartório de Registro das Pessoas Naturais do município de Pedras Grandes, SC.[17]

---

[17] Casamento registrado no Livro 1-B, folha 179, sob nº 347, datado de 30 de junho de 1917.

V MEUS *BISNONNOS* MATERNOS: SIMONE LUIGI CORRADINI E ERMINIA BONIOTI

O casal Simone Luigi e Erminia, como já assinalado, tiveram cinco filhos: Luigia; Luigi; Assumptra; Antonio e Angelo.

A família assim constituída, exceto Antonio e Angelo, que nasceram no Brasil, integrou a primeira leva de emigrantes italianos, que viajaram pelo Vapor Rivadávia, partindo da França. Ao todo, o número de pessoas que integrava esse navio era de 294, entre homens e mulheres – adultos, adolescentes e crianças. Depois de longo e difícil percurso, navegando por águas oceânicas, aportaram, inicialmente, no Rio de Janeiro e, dias depois, em Nossa Senhora do Desterro (hoje Florianópolis, capital do Estado de Santa Catarina), a seguir, em Laguna e, por fim, em Morrinhos, proximidades da cidade de Tubarão, SC. Dois desses passageiros, porém, ficaram no Estado do Rio de Janeiro, no município de Passo Real. Os demais seguiram para Azambuja, e o casal Simone e Ermínia, bem como os filhos, que eram também passageiros do Vapor Rivadávia, se estabeleceu na localidade de Rio Cintra, próximo a Azambuja, onde ocupou terras que lhe foram destinadas com o propósito de obter o sustento de todos os familiares; há muito almejado para sair de tantas dificuldades, que parecia nunca ter fim.

Naquela época, Rio Cintra era parte integrante de uma freguesia que pertencia ao município de Tubarão, situação que permaneceu até a proclamação da República, quando as Províncias foram transformadas em Estados autônomos, e as freguesias, que pertenciam aos municípios, passaram, algumas, pelo menos em parte, à condição de distritos e outros de municípios.

VI MEUS OUTROS *BISNONNOS*: PIETRO GIOVANNI MORETTO E CATTERINA GIOVANNA LOVATO

O casal Pietro Giovanni e Catterina Giovanna teve os seguintes filhos:
a) Maria Moretto, 1870;
b) Abramo Moretto, 1871;
c) Maria Moretto, 1872-1957; obs: acredito que quando esta Maria nasceu, a outra já havia falecido; não encontrei qualquer outra informação na pesquisa;
d) Angelo Moretto, 1873;
e) Carolina Moretto, 1880 (minha *nonna*);
f) Augusta Moretto, 1887-1933.

Há notícia de que em 1881 todos, ou seja, pais e filhos, emigraram da Itália para o Brasil e passaram a viver em caráter definitivo na localidade de Azambuja, SC, onde já se encontravam vários outros imigrantes italianos pertencentes à primeira leva, que fez a travessia oceânica, pelo Vapor Rivadávia, em 1877, partindo do Porto de Havre, na França.

Então, são meus *bisnonnos* por parte de mãe, Simone Luigi Corradini e Erminia Bonioti, pais do meu *nonno* Antonio Coradini, e Pietro Giovanni Moretto e Catterina Lovato, pais da minha *nonna* Carolina Moretto. É isso mesmo, por parte de mãe são 4 *bisnonnos* (bisavós) que todos têm. Todos os meus *bisnonnos* vieram da Itália; já os meus *nonnos*, tão somente a *nonna* Carolina Moretto nasceu na Itália, e pouco tempo após o nascimento veio com seus pais para o Brasil, também imigrando em Azambuja, SC, onde já morava o meu *nonno* Antonio Coradini. Mantiveram namoro entre si quando adultos, ela com 20 anos, e ele com 22 anos de idade, e contraíram núpcias no cível somente aos 30 de junho de 1917; antes, porém, em 22 de junho de 1901, casaram-se na Igreja Católica, Paróquia de Urussanga, Diocese de Tubarão, SC. Anoto que naquela época o casamento que se revestia de maior importância era o religioso.

VII A CONSOLIDAÇÃO DA COLONIZAÇÃO EM AZAMBUJA QUE OS CORADINI/MORETTO INICIARAM LADO A LADO COM OUTROS IMIGRANTES ITALIANOS

1 Italianos lado a lado do início à consolidação da colonização em Azambuja

Junto aos demais imigrantes oriundos da Itália, integrantes da primeira leva, que viajaram no mesmo Vapor Rivadávia, no ano de 1877, a família Coradini, a partir de meus *bisnonnos* Simone Corradini (Coradini) e Erminia Bonioti, todos, ao lado e simultaneamente a outros italianos, deram início e consolidaram a colonização do sul de Santa Catarina, na localidade de Azambuja e arredores, mais especificamente no lugar denominado Rio Cintra naquelas proximidades; atualmente, Azambuja é distrito de Pedras Grandes, então distrito do município de Tubarão, SC.

Antonio Coradini, meu *nonno* (avô), filho do casal Simone e Erminia, meus *bisnonnos* (bisavós) e, também, Angelo, diferentemente de seus demais irmãos, Luigia, Luigi e Assumptra, não nasceram na Itália, mas sim no Brasil. Então, foram três irmãos que emigraram da Itália para o Brasil, em companhia dos pais.

2 A imigração de meus *bisnonnos* com a filha recém-nascida Carolina Moretto e outros filhos

Foi pouco antes da emigração, na longínqua Vila Bartolomea (VR) Verona, Itália, no dia 12 de maio de 1880, às 8 horas e 5 minutos, que nasceu o bebê do sexo feminino, que passou a se chamar Carolina Moretto, filha de Pietro Moretto e de Catterina Lovato. Esse bebê, mais tarde, bem mais tarde, veio a ser a minha *nonna* (avó), assim como de todos os meus irmãos e de muitos outros netos, uma vez que anos mais tarde, agora com 20 anos de idade, ela e meu *nonno* Antonio Coradini casaram-se em Azambuja, distrito de Tubarão, SC, para onde havia também imigrado, ainda bem criança, na companhia de seus pais, Pietro e Catterina, em 1881.

Ambos os meus *nonnos*, Antonio Coradini e Carolina Moretto, tiveram vários filhos, alguns em Azambuja, outros na localidade de Rio Jundiá à época, pertencente ao município de Araranguá, depois município de Turvo, onde foram residir com a família. Os dados a respeito da *nonna* foram obtidos da certidão de nascimento dela, cujo registro foi feito na Igreja Católica da Villa Bartolomea (VR), Verona, região do Vêneto, na Itália[18].

Cedo, muito cedo mesmo, com pouco mais de um ano de idade, na companhia dos pais, a *nonna* Carolina emigrou para o Brasil; agora, na condição de imigrante em terras brasileiras, toda a família Coradini/Moretto passou a viver na localidade de Azambuja, distrito de Tubarão, hoje distrito do município de Pedras Grandes, SC.

Essa região, que abrangia várias outras localidades, como Urussanga, Orleans, Azambuja, Pedras Grandes e muitas outras, que constituíam boa parte do sul de Santa Catarina, no ano de 1877, iniciou com aquele povo sofrido oriundo da Itália, sem meios sequer para a própria sub-

---

[18] Esse registro de batismo da *nonna* também revela os nomes dos pais Pietro Moretto e Catterina Lovato, que posteriormente também sofreram retificação, e passaram, o nome dele, a ter a seguinte grafia, PIETRO GIOVANNI MORETTO, e o nome dela CATTERINA GIOVANNA LOVATO.

sistência – a chamada Colonização do Sul de Santa Catarina – que foi aos poucos avançando para outras partes do país, como Rio Grande do Sul, Paraná, São Paulo e em muitos outros Estados brasileiros.

3 A união das famílias Coradini/Moretto por laços matrimoniais

O meu *nonno* Antonio Coradini nasceu no Brasil e foi batizado no dia 28 de julho de 1879. A data de nascimento, pesquisada no mesmo documento, ou seja, no Livro de Batismo, por estar ilegível a escrita nessa parte da página, não foi possível extrair, mas pelo casamento religioso realizado, conforme Certidão de Casamento expedida pela Paróquia Nossa Senhora da Conceição de Urussanga, Diocese de Tubarão, observa-se que o *nonno*, quando casou na igreja, em 22 de junho de 1901, estava com 22 anos de idade. Logo, pode-se concluir que ele nasceu pouco antes da data em que fora batizado, isto é, pouco antes de 28 de julho de 1879, em Azambuja, na época distrito de Tubarão; hoje distrito de Pedras Grandes, SC.

4 O casamento de meus *nonnos*

Então, o casamento religioso do casal Antonio Coradini e Carolina Moretto, meus *nonnos*, ocorreu em 22 de junho de 1901, conforme Certidão de Casamento registrada no Livro 1, fls. 040, sob nº 18, expedida pela Paróquia de Urussanga, Diocese de Tubarão, SC. A partir desse casamento religioso, tiveram vários filhos. E quando o casamento civil, também de ambos, ocorreu no dia 30 de junho de 1917, já tinham oito filhos. Mas isso não significa que esses filhos, até então, fossem considerados fora do casamento; não, ocorre que naquela época, o que era considerado mesmo, perante a sociedade e perante a lei de Deus, era o casamento religioso. Então, nos termos do registro no Livro 1-B, folha 179, sob nº 347, que revela a Certidão de Casamento de Inteiro Teor, obtida junto ao Cartório de Registro Civil das Pessoas Naturais de Pedras Grandes, SC, o casamento civil ocorreu em 30 de junho de 1917, e nessa Certidão consta o número de filhos (8), que já tinham, nascido na vigência do casamento religioso.

5 Retornando à grafia do sobrenome Coradini

É curioso pelo que se pode observar que a grafia do sobrenome do *nonno* Antonio, no casamento religioso, constou **Corradini (rr)**, e no casamento civil constou **Coradini (r)**. Essa Certidão de casamento do civil é a que passou a viger, em caráter oficial e definitivo, com a consolidação, daí para frente, do sobrenome **Coradini (r)**. Aliás, todos os demais documentos, inclusive registro de nascimento dos filhos, passaram a ser grafados como **Coradini (r)** e, até hoje, assim o é, inclusive por mim, único que tem o sobrenome **Coradini**, dentre todos os meus irmãos, em número de oito, pelo acréscimo, que foi feito judicialmente, por minha iniciativa, em 2019. Mas todos os demais irmãos, embora não tenham o sobrenome Coradini grafado na certidão de nascimento, podem também ser assim considerados, em face do próprio sobrenome da mãe: Aurora Coradini, que obrigatoriamente tem de constar na certidão de nascimento de cada filho.

Todos eles foram registrados com o sobrenome do meu pai, **da Silva**, tão somente, exceto o irmão mais velho, que foi registrado com o sobrenome **Bento**, que na realidade nem sequer é sobrenome de família, uma vez que **Bento** fazia parte do nome composto de meu pai, que se chamava **Antonio Bento da Silva**. Daí se extrai que havia muitos erros, às vezes do pai; mas nem sempre, ao registrar o filho; sim, do pai, porque a mãe, num passado não tão remoto, pessoalmente dificilmente registrava filho. Essa era a regra, porém, com algumas exceções, isto é, quando o pai, por exemplo, se omitia em fazer o registro, por algum motivo, mormente quando não o reconhecia o filho como seu.

Mas muitas vezes o erro também era cometido pelo Oficial do Registro Civil, por desatenção, ou até por ignorância, talvez.

VIII ORIGEM DE MEUS *BISNONNOS*

A) Simoni Coradini e Herminia Coradini[19], meus *bisnonnos*, assim como os filhos, são naturais da Itália, exceto Antonio e Ângelo Coradini, que nasceram em Azambuja, SC.

Os nomes deles foram retificados por ocasião da expedição da Certidão de Óbito de inteiro teor, de Simoni Coradini, no dia 8 de julho de 2023, pelo Cartório de Registro Civil das Pessoas Naturais do município de Pedras Grandes, SC. O nome correto dele, depois de retificado, passou a ser Simone Luigi Corradini (rr), e o dela passou a ser Ermínia Bonioti. Estes, então, são os nomes oficiais, que passaram a ser considerados, para todos os efeitos, a partir de 06/07/2023. Eles são os pais de meu *nonno* Antonio Coradini; são meus *bisnonnos* paternos, portanto.

B) Pedro Giovanni Moretto e Catterina Giovanna Lovato, ele nascido em 1836, e ela em 1845, são meus *bisnonnos* maternos, pais de minha *nonna* Carolina Moretto.

---

[19] Certidão de Óbito de inteiro teor, expedida pelo Cartório de Registro Civil das Pessoas Naturais de Pedras Grandes, SC, Livro 001-C, folha 050, nº 00145.

IX MEUS *NONNOS* MATERNOS

Antonio Coradini e Carolina Moretto, ele nascido em Azambuja, SC; ela, nascida na Villa Bartolomea (VR), Província de Verona, Itália. O casamento civil entre ambos foi realizado em 30 de junho de 1917, no distrito de Azambuja, município de Tubarão, atualmente município de Pedras Grandes, conforme se vê do registro no livro 1-B, folha 179, nº 347, no Cartório de Registro Civil das Pessoas Naturais do município de Pedras Grandes, SC. Todavia, o casal já havia contraído núpcias religiosas, na Paróquia Nossa Senhora da Conceição, de Urussanga, Diocese de Tubarão, SC, conforme revela a certidão daquele casamento religioso ocorrido no dia 22 de junho de 1901. Nos anos seguintes o casal teve 8 filhos, conforme consta da declaração feita pelos próprios nubentes por ocasião do casamento na esfera civil, ocorrido no dia 30 de junho de 1917, com a revelação de nome e idade de cada um deles, como era de praxe naquela época, ou até mesmo obrigatória. E assim, a nominata dos filhos que tiveram entre o casamento religioso e o civil passou a constar da Certidão de Casamento de inteiro teor, que foi expedida no dia 23 de fevereiro, a meu pedido, pelo Cartório de Registro Civil das Pessoas Naturais de Pedras Grande. Segue a nominata:

a) Elena, com 15 anos de idade;
b) Maximiliano, com 14 anos de idade;
c) David, com 13 anos de idade;
d) Atílio, com 11 anos de idade;
e) Anna, com 9 anos de idade;
f) Maria, com 7 anos de idade;
g) Ulteria, com 5 anos de idade:
h) Hermínia, com 3 anos de idade;

i) Aurora, com 2 anos de idade (minha mãe), nascida no dia 01/10/1915, em Azambuja, na época pertencente ao município de Tubarão, SC; atualmente ao município de Pedras Grandes, SC.

Depois do casamento civil, meus *nonnos* tiveram mais três filhas:

j) Giusepina;
k) Genoveva;
l) Cecília.

Anoto que Giusepina e Genoveva são irmãs gêmeas.

Minha mãe faleceu no dia 05/03/2010, na Quarta Linha, município de Criciúma, SC. O curioso é que Alice Sfair da Silva (Betica), minha esposa, mãe de minhas filhas Laura e Adriana, falecera no mesmo dia e mês, em ano diferente, apenas, ou seja, em 1990, em Porto Alegre, RS. Meu pai, Antonio Bento da Silva, faleceu em Sapiranga, distrito de Meleiro, SC; o corpo foi trasladado e sepultado no Cemitério de Ceara, SC, no mesmo Jazigo do genro Valdir Rezende, esposo da minha também falecida irmã Elsa e, portanto, meu cunhado.

Tempos depois, os restos mortais de meu falecido pai foram trasladados para o mesmo jazigo onde fora sepultada minha mãe, no Cemitério da Quarta Linha, município de Criciúma. Para homenageá-los, escrevi a seguinte inscrição e coloquei na lápide que mandei fazer em granito:

Aos sempre queridos e lembrados pai e mãe.
A dignidade, honestidade e senso humanitário foram o suporte que norteou a vida e o grande legado que vocês transmitiram aos filhos, netos, bisnetos, trinetos e tataranetos.

SAUDADE ETERNA
ANTONIO BENTO DA SILVA:
✮ 30.07.1910 – ✞ 28.05.1998
AURORA CORADINI DA SILVA:
✮ 01.10.1915 – ✞ 05.03.2010

Minha mãe e todos os irmãos e irmãs dela acima nominados são falecidos.

X MUDANÇA DE MEUS *NONNOS* MATERNOS E DE MEUS PAIS

1 Novo endereço de meus *nonnos* maternos

Na pesquisa realizada, não foi encontrada uma data específica, nem sequer o ano, da mudança do casal Antonio Coradini e Carolina Moretto, com seus filhos, de Azambuja para a localidade de Jundiá, à época pertencente ao município de Araranguá, atualmente município de Turvo, SC. Mas por ciência própria e por constar de documento irrefutável, como a certidão de casamento no civil de meus *nonnos*, obtida no Cartório de Registro Civil das Pessoas Naturais de Pedras Grandes, essa mudança de domicílio ocorreu pouco depois de 1917. E o casamento religioso de meus pais, Antonio Bento da Silva e Aurora Coradini, ocorreu no dia 19 de dezembro de 1932, na Paróquia, hoje Santuário, Nossa Senhora Mãe dos Homens, de Araranguá, SC[20]. Na data do matrimônio, minha mãe contava 17 anos de idade, e residia com os pais, meus *nonnos*, em Jundiá, localidade hoje pertencente ao município de Turvo, SC, à época ao município de Araranguá, SC, o que leva a se concluir que a mudança de domicílio de meus *nonnos* ocorreu depois de 1917 e antes de 1932.

---

[20] Certidão de Casamento expedida pela Cúria da Diocese de Criciúma, SC, em 17/07/2023, a pedido.

Já o casamento civil de meus pais ocorreu vários anos depois, ou seja, 26 anos depois do casamento religioso, em 14 de outubro de 1958, conforme aponta o livro B, nº 8, de Registros de Casamento do Cartório de Registro das Pessoas Naturais do município de Meleiro, SC.

2 Mudança de endereço de meus pais

Quando eu nasci, em 15 de novembro de 1938, dia da Proclamação da República, feriado nacional, há 85 anos, na primavera, meus pais residiam na localidade de Boavistinha, no município de Turvo, SC, e meus *nonnos* Antonio Caradini e Carolina Moretto, na localidade de Jundiá, também pertencente ao município de Turvo.

Meus pais e meus *nonnos*, logo depois, passaram a ser vizinhos, numa distância de aproximadamente dois quilômetros, de uma residência à outra, divididas pelo rio Jundiá; todos eram pequenos agricultores familiares, exerciam a atividade agrícola em terras próprias. Não existia na época qualquer maquinário que viesse a facilitar a vida agrícola; quando muito existia uma junta de boi e um arado para lavrar a terra e, assim, prepará-la para o plantio, de forma manual, e aguardar, com muita sorte, o desenvolvimento da plantação, às vezes com algumas variedades de produção, porque era o que garantia o sustento da família. Era comum, simultaneamente à produção agrícola, a criação de animais, como gado, suíno, galinha, e outros.

XI A DIFÍCIL ATIVIDADE AGRÍCOLA FAMILIAR DE SUBSISTÊNCIA

1 Atividade agrícola rudimentar

A produção agrícola, de um modo geral, para trazer bons resultados, era sempre muito difícil, porque era quase tudo feito de forma manual. O preparo da terra às vezes era feito por meio de enxada e às vezes por arado, puxado por bois; e a capina da plantação era feita manualmente, com enxada, ou por carpideira (já mais evoluída), também puxada a boi ou por cavalo, uma vez que qualquer descuido nesse sentido, em pouco tempo se via o inço se desenvolver e tomar conta da lavoura; fosse ela qual fosse; mas também, outras causas existiam, o que era motivo de grande preocupação, como a impossibilidade de utilização da terra, de forma contínua, por muito tempo, uma vez que a inexistência de fertilizante impedia a utilização da terra agricultável por muito tempo seguido; mas ninguém se dava conta disso e, por isso, não era dada à terra o descanso necessário para retornar à produção.

A terra enfraquecia rapidamente com o plantio contínuo, o que para muitos agricultores era um tormento, porque a maioria não dispunha de grande quantidade de terra, que possibilitasse o avanço com a agricultura para outras áreas mais férteis, capazes de desenvolver a produção agrícola, quer de uma única ou de variadas espécies.

O agricultor que dispunha de melhores condições econômicas, até podia, por vezes, expandir a agricultura, estendendo-a para terras ainda não utilizadas, ou que já se encontravam sem produzir por algum tempo, já *descansadas*; ou também utilizar adubo orgânico. Mas essa espécie de fertilizante, como se tratava do próprio esterco de animais, ou originado de outros produtos orgânicos, obtidos pela deterioração de madeira, folhas, produtos inaproveitáveis para o consumo de parte do ser humano, oriundo da própria produção agrícola, não era de fácil produção. Por outro lado, havia quase que absoluto desconhecimento de outros meios necessários ao aumento da produção e da produtividade, como o melhor aproveitamento da terra; a maior resistência da plantação às intempéries; o plantio de determinados produtos nas estações adequadas do ano, etc. E assim por diante, e assim continuou por longos e longos anos, até que aos poucos surgiu e passou a se desenvolver, ainda que lenta e precariamente, uma agricultura de um modo geral, com tecnologia um pouco mais aprimorada, que se desenvolvia aos poucos, no curso do tempo. E esse aprimoramento lento também se deu nas terras que meus *nonnos* e meus pais exerceram a atividade agrícola familiar.

Mas, por obra do destino, não chegaram a alcançar o desenvolvimento tecnológico da agricultura e da pecuária, nem sequer chegaram próximo ao incipiente desenvolvimento dessa atividade já mais aprimorada e que teve um desenvolvimento significativo ao longo do tempo, que hoje se pode dizer que é o orgulho do nosso país, inclusive naquela região em que labutavam e dependiam de uma agricultura familiar bastante atrasada, cuja produção era quase sempre minguada por falta de maiores conhecimentos e de meios apropriados, que possibilitassem tratar a terra de forma a proporcionar maior produção e produtividade, com menor esforço e com menos preocupação sobre a incerteza que pairava sobre esses pequenos e abnegados agricultores, que tinham certeza apenas do plantio, mas nunca da colheita.

2 Desenvolvimento agrícola e tecnológico entre os descendentes de meus ancestrais

Alguns descendentes deles, ou seja, de meus ancestrais, assim como de outros também imigrantes italianos, não desistiram; ao contrário, continuaram com o trabalho agrícola, agora se desenvolvendo por meio de pesquisas, e aos poucos a colonização foi avançando em tecnologia, até que os obstáculos foram sendo superados e a agricultura foi se estendendo, se agigantando e alcançando grande produção e produtividade e, assim, acabou por se tornar próspera e satisfatória, a hoje invejável Colonização do Sul de Santa Catarina, graças ao considerável esforço do abnegado imigrante italiano, que ao mesmo tempo também foi formando e desenvolvendo um povo miscigenado, em virtude da junção de outras etnias.

O resultado, então, é o que se vê hoje, com muito bons olhos, a existência de uma forte, próspera e indiscutível colonização, que se espraiou por todo o sul de Santa Catarina, que se tornou conhecida e reconhecida por todos, a denominada Colonização Sul-Catarinense, orgulho, não só do sul, mas também de todo o povo do Estado de Santa Catarina; sem contar com o forte suporte que é do grande agronegócio brasileiro...

XII REMANESCENTES DA FAMÍLIA DE MEUS *NONNOS* CORADINI/MORETTO E DE MEUS PAIS NA COLÔNIA ITALIANA SUL-CATARINENSE

1 Ancestrais e descendentes

Diz o dito popular que "vão os anéis e ficam os dedos"! Aqui se pode dizer que "vão os ancestrais e ficam os descendentes". E isso quer significar que os ancestrais que se foram, deixaram os descendentes imbuídos de levar avante aquela tarefa espinhosa de luta pela prosperidade na colônia. E é natural que o conjunto da obra remanesça, ainda que um tanto débil, quando há gente honesta capaz de prosseguir com firmeza e fazer prosperar a obra do passado, que vinha se desenvolvendo, ainda que de forma rudimentar. E a atividade agrícola exercida pelos imigrantes italianos no sul-catarinense durante longo tempo, desde 1877, não pode ser esquecida e nem excluída de todo esse contexto de altos e baixos, como antes anotado.

Dos descendentes de meus *nonnos* Antonio Coradini e Carolina Moretto, poucos permaneceram naquela região, composta principalmente pelos municípios de Araranguá, Turvo e Meleiro, sem se olvidar, contudo, das localidades de Jundiá e de Sapiranga, no município de Meleiro, SC. Foi nesse circuito que meus ancestrais, a partir de meus avós, viveram longos anos até o fim da vida. Mas cabe observar que meus ancestrais por parte de pai, sem exceção, tem suas raízes nessa região, e nela se desenvolveram e permaneceram por longos anos. Mas em Azambuja, localidade onde os meus *bisnonnos* também foram protagonistas na história da Colonização Sul-Catarinense, não me parece haja mais algum descendente; se existe, não é do meu conhecimento; mas não se pode descartar por inteiro essa hipótese, isto é, de ainda existir lá algum parente distante remanescente da família Coradini/Moretto.

2 Alguns descendentes de meus avós paternos

Meu pai e vários outros irmãos dele, todos falecidos, são originários da localidade de Jundiá, muncípio de Turvo, SC; outrora, do município de Araranguá. Os meus avós paternos, Bento Manoel da Silva e Maria Victorina Corrêa, eram fortes agricultores familiares. Mas, na época, lavoura não mecanizada. Todavia, no transcorrer dos tempos, a família foi se fragmentando, o que é natural, e acabou por restarem muito poucos descendentes naquela localidade; principalmente com o falecimento desses meus avós. Eu não me lembro deles; eu deveria ter um ou dois anos de idade ou menos, quando ambos faleceram – primeiro a minha avó, pouco tempo depois, meu avô. Os restos mortais de ambos encontram-se no cemitério do Alto Jundiá, no mesmo município de Turvo. Mas, embora com eles eu não tivesse tido o prazer da convivência, muito sei a respeito desses meus avós pelo que fora transmitido por meu pai e meus tios, todos já falecidos.

XIII CURIOSIDADES SOBRE O SURGIMENTO DO SOBRENOME SILVA – SOBRENOME DE MEU PAI

Sobre o surgimento do sobrenome Silva dentre os familiares de meu pai, há algumas curiosidades. Contava meu pai, e frequentemente repetia, que o sobrenome *da Silva* fora imposto por mera vontade do Oficial do Registro Civil na época; possivelmente, da cidade de Araranguá, tendo em vista que Turvo era uma simples localidade, distrito de Araranguá, posteriormente município, depois de ter sido vila. Tudo o que se relacionava com temas de caráter oficial era efetivado em Araranguá. Meu pai contava que meu avô, ou bisavô, não tenho certeza (porque não disponho, ainda, de nenhum outro elemento nesse sentido que possa corroborar) por ocasião do registro de nascimento de um familiar, quando fora perguntado acerca do sobrenome, fora-lhe respondido que era *reus*. Foi então que o Oficial teria dito que era um sobrenome que não deveria continuar; que era até mesmo constrangedor que uma família de bem, muito conhecida e conceituada na região, permanecesse com um sobrenome desse jaez; que estava mais para presidiário do que para uma pessoa distinta, uma pessoa de bem na sociedade. E teria dito: "Isso é nome de presidiário!". Aí, sem qualquer outra indagação a respeito, o Oficial do Registro Civil disse categoricamente: vamos trocar *Reus* por *Silva*! E assim procedeu, ou seja, substituiu o sobrenome *Reus* por *Silva*, ou melhor, para *da Silva*. Ficou, então, por exemplo: João *da Silva*, ao invés de João *Reus*.

Parece um tanto intrigante, esquisito, hilário e até mesmo exagerado; mas, em se considerando que era assim que as coisas funcionavam, pode essa situação revelada ter sido perfeitamente verdadeira. Até porque eu me lembro que na época que eu era menino, quando me encontravam em visita aos parentes, os conhecidos do meu pai frequentemente me perguntavam se eu era parente dos Reus? Ou se eu era filho de Antonio Bento *Reus*? Lembro-me muito bem que chamavam o meu pai de Antonio Bento *Reu*. Naquele linguajar interiorano, *do interior*, como dizem popularmente. Por tudo isso, acredito que seja verdadeira essa *estória* que meu pai sempre contava.

E, assim, todos os registros de nascimento que se seguiram a partir daí passaram a ser com o sobrenome *da Silva* e não mais *Reus*. A pronúncia correta seria *róis*, em alemão. Assim como o Padre Johann *Baptist Róis*, que muitos pronunciam. E assim o é, em português, isto é, *Reus*.

XIV RELAÇÃO DA FAMÍLIA CORADINI/MORETTO DO LADO DE MINHA MÃE COM O SOBRENOME SILVA DE MEU PAI

Como estou falando de meu pai, que aparentemente não tem nada a ver com os sobrenomes Coradini e Moretto, mas que na realidade tem, sim, muito a ver com tudo isso, porque meu pai e minha mãe tiveram nove filhos, e estes lhes trouxeram muitos descendentes, como netos, bisnetos, trinetos, tataranetos, pentanetos, e assim por diante... Olhando nessa perspectiva, vamos ver, indiscutivelmente, que toda a descendência de meus pais traz no sangue o DNA dos Coradini e Moretto também. Mas daqueles Coradini e Moretto lá do início da colonização de Azambuja, SC, a partir de 1877, portanto. Por isso é que esses detalhes históricos se revestem de fundamental importância para melhor esclarecer a composição, formação e expansão dos Coradini/Moretto, pelo sul de Santa Catarina, que também são grandes protagonistas da Colonização Italiana Sul-Catarinense. Pode, até mesmo, ter vínculo parental com alguns dos Coradini/Moretto do Estado do Rio Grande do Sul; até porque, pelo que eu me lembro, minha mãe não cansava de dizer que dois dos irmãos dela, quando jovens, foram à procura de emprego em Caxias do Sul, no Estado do Rio Grande do Sul, e que nunca mais retornaram, e nem sequer mantiveram contato com a família. De um deles eu tenho certeza do nome; chamava-se Maximiliano; do outro não me lembro mais do nome. E também não consegui identificá-lo na relação dos irmãos da minha mãe, uma vez que o que nela constam de homem são apenas o tio Atílio e o tio Davi, com quem eu tive alguma convivência e sei que faleceram sem algum dia terem saído de Santa Catarina.

XV NOVAS MUDANÇAS, NOVOS DESAFIOS

1 Novos endereços

Meus pais, depois de alguns tempos de casados, saíram de Jundiá, com três filhos, meu irmão mais velho, que se chamava Valdemar; minha irmã, Elsa, ambos já falecidos; e eu, Cesar, que era o mais novo, à época, criança com poucos anos de idade, três, por aí; e passamos a viver em outras localidades, como Novo Paraíso, atrás do Morro do Meleiro e alguns anos depois, agora com mais irmãos, também no interior de Meleiro, mas em outra localidade, conhecida como Barra do Rio Manoel Alves; aqui também outros irmãos nasceram e, bem mais tarde, com exceção de Valdemar, Elsa e eu, meus pais e os demais filhos mudaram-se para as proximidades de Jundiá, ou seja, para Sapiranga, localidade pertencente ao município de Meleiro também, depois de residirem por alguns anos, em torno de cinco, no município de Sombrio, SC.

Mas em todos esses lugares em que residiram, os filhos continuaram morando juntos, exceto Valdemar, Elsa e eu, conforme já salientado, e sempre recebendo a necessária proteção e educação paternas.

2 Alguns desafios no cultivo da terra

Com a mudança de domicílio de nossos pais, Valdemar, Elsa e eu, ainda crianças, os acompanhamos; primeiro para a localidade de Novo Paraíso, atrás do morro do Meleiro; depois para a localidade da Barra do Rio Manoel Alves, também pertencente a Meleiro; e sempre desempenhando a atividade agrícola familiar de subsistência, auxiliando nossos pais, embora crianças; uma vez que naquela época a convivência no meio rural, desempenhando a atividade agrícola, era extremamente difícil. A mão de obra era exclusivamente familiar. E os meios de que se dispunha para o preparo e cultivo da terra eram precários; quando muito se dispunha de uma junta de bois e um arado para arar (lavrar) e preparar a terra necessária ao plantio; e cuja colheita era sempre incerta, por depender de uma série de fatores, principalmente o climático, como a chuva regular; uma temperatura adequada, sem muita geada, sem tempo seco excessivo e, enfim, sem outros males climáticos impeditivos de uma boa ou mesmo regular produção. O fertilizante era praticamente desconhecido, a não ser o orgânico, proveniente de esterco de animais ou de restos de alguns produtos naturais deteriorados, cuja eficácia também era pouco conhecida no sentido de aumento da produtividade. Por outro lado, havia sérias dificuldades para a produção dessa espécie de fertilizante, que satisfizesse as necessidades mínimas ao desenvolvimento da lavoura.

Depois de longa espera, do plantio à colheita, o resultado quase sempre era decepcionante; muitas vezes a produção não era suficiente para o alimento da família por muito tempo. A salvação diante de dificuldades como essas era o nosso pai; um profissional da área da carpintaria, que era frequentemente procurado por pessoas da localidade para fazer uma casa ou alguma reforma e, assim, obtinha um ganho extra razoável que muito auxilava no sustento da família. E essa situação perdurou por alguns anos.

Quando ainda morávamos na Barra do Rio Manuel Alves, para onde nos mudamos depois que meu pai vendeu as terras que possuía na localidade de Novo Paraíso, onde moramos por alguns anos, continuamos com atividade agrícola; mas agora em um pequeno pedaço de terra, porém mais fértil, e outra parte por onde se estendia o plantio, o meu pai a arrendava de um grande proprietário das redondezas, que se chamava Presalino, pessoa considerada rica para os padrões da época.

Naqueles tempos, como já ressaltado, não havia como fertilizar áreas de terra para o plantio, e assim, por inexistir fertilizante, a terra ficava cada vez mais fraca, até se tornar improdutiva. Por isso, o meu pai, embora proprietário de enorme extensão de terra na localidade de Novo Paraíso, atrás do morro do Meleiro, teve de vendê-la por um preço que se pode dizer vil, por não mais se prestar para a agricultura. A se considerar os dias atuais, com todos os meios disponíveis no mercado para recuperá-la e torná-la produtiva, com facilidade, pode-se afirmar que o patrimônio de que nós dispúnhamos à época seria bastante considerável em termos financeiros. Mas de nada adiantava tanta terra naqueles tempos, se não havia como fazer produzi-la, em virtude da absoluta infertilidade.

3 Surgimento de novos irmãos, primeiros casamentos e meu espontâneo afastamento da casa de meus pais

Simultaneamente a tantas mudanças de nossa família, de tempos em tempos, a prole ia aumentando com o nascimento de mais irmãos, até chegar aos nove filhos, cuja nominata completa segue, com o nome dos meus pais no topo.

Cabe antes observar que, depois do casamento dos meus dois irmãos Valdemar e Elsa, quando ainda morávamos na localidade da Barra do Rio Manoel Alves, eu também deixei a casa de meus pais e fui residir na cidade de Turvo, na casa de um primo da minha mãe, portanto meu primo também, embora mais distante, para aprender a profissão de marceneiro; mas não deu certo – eu não tinha nenhuma vocação para essa profissão –; por isso, depois de poucos dias, fui morar com minha irmã mais velha, Elsa, e meu cunhado em Araranguá, para tentar a vida por lá; depois, pouco mais de um ano transcorrido, fui morar e trabalhar em Porto Alegre, RS; sem, portanto, saber o que iria fazer, mas as coisas aos poucos foram se ajeitando; acabei por encontrar minha tia, a irmã mais velha de minha mãe – a tia Elena (sem "H") – e a convite dela passei a residir em sua casa, na Rua Machado de Assis, bairro Partenon.

XVI MEUS PAIS E DESCENDCENTES

A) PAIS

Antonio Bento da Silva e Aurora Coradini da Silva (ambos *in* óbito).

B) FILHOS E DESCENDENTES

a) Valdemar Antonio Bento (falecido);
b) Elsa da Silva Rezende (falecida);
c) Cesar Antonio Coradini da Silva (eu);
d) Aurea da Silva (falecida);
e) Darci da Silva;
f) Joacir da Silva;
g) Lorena da Silva;
h) Celso da Silva;
i) Cleusa da Silva.

Da relação acima, três estão em óbito: Valdemar, Elsa e Aurea, mas todos deixaram descendentes radicados na região Sul-Catarinense, em especial nos municípios de Meleiro e Criciúma. Dos que permaneceram em Meleiro, pode-se dizer, uma boa parcela continuou na atividade agrícola; mas simultaneamente, também, desenvolvendo em menor escala a produção pecuária e outros serviços correlatos.

Valdemar Antonio Bento, irmão mais velho, casado com Adelina Mota, que em virtude do casamento passou a se chamar Adelina Mota Bento, mais conhecida pelo apelido carinhoso de *Linda*; residiram por longo tempo em torno de Sapiranga, localidade pertencente a Meleiro, SC, labutando na agricultura. O casal teve vários descendentes, e quase todos radicados nesse município (Meleiro).

Adiante, segue a relação completa, com o casal Valdemar e Adelina no topo. Ele, como antes referido, foi o filho mais velho de meus pais; era, portanto, meu irmão.

XVII A FAMÍLIA DE MEU IRMÃO VALDEMAR E DESCENDENTES

A) PAIS

Valdemar Antonio Bento e Adelina Mota Bento, a *Linda* (ambos *in* óbito).

B) FILHOS E DESCENDENTES

a) Ledio Mota Bento, casado com Josefina Marta Conti Bento (divorciados). Filhos: Marcio Conti Bento, Ivan Conti Bento e Karini Conti Bento;
b) Edio Mota Bento (solteiro);
c) Neli Bento da Boit, casada com Mario Presa da Boit. Filhos: Marcos Bento da Boit e Keide Bento da Boit;
d) Celso Mota Bento, casado com Eva Mota Bento. Filhos: Marcia Mota Bento, Fernanda Mota Bento, Renato Mota Bento e Aliel Mota Bento;
e) Sérgio Mota Bento, casado com Regina Generoso Bento. Filhos: Daine Generoso Bento, Cristiano Generoso Bento e Giana Generoso Bento;
f) Esio Mota Bento, casado com Ledanir da Silva Bento. Filhos: Bárbara da Silva Bento e Samuel da Silva Bento;
g) Noeli Mota Bento, casada com Pedro Antonio de Oliveira. Filha: Alana de Oliveira;

h) Joseli Mota Bento, casada com José Machado. Filhos: Ricardo Machado e Francieli Machado;
i) Everaldo Lucian Mota Bento, casado com Luciana da Silva Elias. Filhos: Lucian Elias Mota; Lucas Elias Bento e Guilherme Elias Bento;
j) Aguinaldo Motta Bento, divorciado da primeira espopsa, casado em segundas núpcias com Rosa Helena da Silva. Filha: Natália Wollenschllager Bento.

Todos são meus sobrinhos e sobrinhas; excetuando Adelina, que era minha cunhada, a esposa do Valdemar, bem como os genros e noras, todos eles têm o DNA dos Coradini e Moretto; embora esses sobrenomes tenham sido omitidos, ocultados, por ocasião do registro de nascimento, pelos motivos acima já alinhados. E assim também ocorreu com a maioria dos descendentes de meus *nonnos*, que serão nominados oportunamente.

Observo que todos ou quase todos os descendentes do meu irmão Valdemar e da Adelina, e afins, continuam radicados e exercendo a atividade agrícola e outras a ela correlatas, em diversas localidades do município de Meleiro, exceto Marcia, que reside em Criciúma e trabalha numa empresa em Forquilhinha, SC.

XVIII O DESENVOLVIMENTO DA AGROPECUÁRIA NA REGIÃO DE MELEIRO COM A PARTICIPAÇÃO DO MEU IRMÃO VALDEMAR, ADELINA, DESCENDENTES E AFINS

1 O desenvolvimento mais avançado da agropecuária

Se no início o trabalho agropecuário era totalmente rudimentar e, por conseguinte, muito mais penoso, mais desgastante, hoje, pode-se afirmar que já está bastante desenvolvido, para os padrões da atualidade, e todos esses meus parentes – descendentes de meu irmão Valdemar – estão com o olhar no futuro, estão sempre em busca de tecnologia cada vez mais avançada, e da pesquisa, e, assim, vão cada vez mais melhorando o cultivo da terra, com aumento da produção e da produtividade agropecuária.

2 Aperfeiçoamento técnico na agricultura e na pecuária

Não se pode olvidar que muitos agropecuaristas, com ideias avançadas, com inteligência e com muita dedicação, procuram, atualmente, se aperfeiçoar por meio de cursos técnicos capazes de propiciar conhecimentos mais aprofundados na área de pesquisa e, dessarte empenharem-se na busca de maior produtividade que a terra lhes possa proporcionar.

O exemplo vem da própria família de Valdemar e Adelina, da qual destaca-se o neto Renato Mota Bento, filho de Celso Mota Bento e de Eva Mota Bento, que é Técnico formado em Agropecuária e Tecnólogo em Gestão Ambiental, exercendo sua atividade profissional no município de Meleiro, de onde nunca saiu, a não ser para estudar, sempre contribuindo para o desenvolvimento científico e tecnológico agropecuário. Está contribuindo, assim, como os demais descendentes de Valdemar e Adelina, para o desenvolvimento cada vez mais auspicioso da Colonização Italiana do Sul-Catarinense, iniciada e impulsionada, no curso do tempo, pela Colônia Azambuja, e conectada ao município de Pedras Grandes, que é hoje o orgulho da antiga Província e atualmente Estado de Santa Catarina, exemplo de desenvolvimento do país.

Outro neto de Valdemar e Adelina, que ora destaco é o de nome Aliel, também filho de Celso, que se formou em Processos Gerenciais, e assim também contribui para com o desenvolvimento da região; uma vez que nela reside; seu trabalho consiste em gerenciar uma importante rede de venda de combustíveis no município de Araranguá, que muito tem auxiliado no abastecimento de máquinas agrícolas e de outros veículos, que transportam a riqueza que é produzida, e de todos quantos labutam nas diversas áreas de produção, de um modo geral, naquela região.

Assim, pode-se afirmar que grande parcela da família Coradini/Moretto tem como ponto inicial na linha de descendência os meus *bisnonnos* maternos, que se radicaram como imigrantes italianos a partir de 1877, em Azambuja, na região Sul-Catarinense, e os seus descendentes, que foram se espalhando pelos municípios de Meleiro, Araranguá, Turvo e outros, têm prestado inestimável contribuição e, assim, tornando cada vez mais grandiosa a Colonização Italiana Sul-Catarinense, aplaudida e admirada por todos que a conhecem.

XX FAMÍLIA DE MINHA IRMÃ ELSA E DESCENDENTES

A) PAIS

Elsa da Silva Rezende e Valdir Rezende eram casados entre si (ambos *in* óbito).

A Elsa era minha segunda irmã na linha sucessória; foi casada com Valdir Rezende, ambos já falecidos; deixaram vários descendentes.

Elsa da Silva nasceu no dia 25/10/1934, em Jundiá, localidade pertencente ao município de Turvo, SC, antes distrito de Araranguá, SC.

Ela foi casada com Valdir Rezende, nascido no dia 07/09/1930. Até os 18 anos de idade, ela residiu em casa de nossos pais.

Elsa, em função do casamento com Valdir Rezende, saiu de casa aos 18 anos de idade e ambos foram residir no bairro chamado Barranca, bem próximo ao centro da cidade de Araranguá, do outro lado do rio. À época, a travessia era feita de balsa; a casa onde passaram a residir era bem próxima ao porto da balsa, de forma que não havia dificuldade nenhuma em atravessar o rio e logo, logo chegar ao centro da cidade. A residência de minha irmã Elsa e Valdir ficava bem próxima à estação de trem, final da linha, como se dizia. Era um terminal da Estrada de Ferro Donna Thereza Christina, também conhecida por EFDTC, foi construída por ingleses no sul de Santa Catarina, nos anos de 1880 a 1884, com o objetivo principal de transportar por trem o carvão mineral inicialmente extraído na região que abrangia o município de Lauro Müller, para o Porto de Imbituba, SC. Posteriormente passou a transportar outros produtos que eram armazenados em outras cidades, dentre as quais Araranguá, em especial, do Bairro Barranca; principalmente farinha de mandioca, mais alguns outros produtos variados, em bem menor escala, que também eram transportados pelo trem de carga que naquele terminal chegava e saía. Também havia o trem de passageiros, com chegadas e saídas diárias. O transporte de passageiros era feito com destino a Maracajá, Criciúma, Sangão, Urussanga, Tubarão e outras localidades de Santa Catarina, e vice-versa.

Barranca, bairro de Araranguá, pode-se afirmar ter sido próspera naquela época, década de 1950, por aí, quando várias famílias moravam e dependiam do emprego que era gerado em função do transporte de trem; hoje nada mais disso existe; tudo caiu no esquecimento – acabou a estação ferroviária; acabou a via férrea; acabou o emprego; acabou a prosperidade; enfim, acabou tudo; só restou a miséria dos moradores daquele outrora bairro alegre e próspero. Por aí se vê o que é capaz de fazer uma política insana; uma política pública mal conduzida por gente despreparada. De tudo o que acabou, o mais lamentável foi a linha ferroviária, que transportava a riqueza produzida na região. O pior, todavia, foi a extinção da estrada de ferro, quase que total no país; sendo esse tipo de transporte barato substituído pelo transporte rodoviário, pelas precárias estradas, significativamente caro, em todos os sentidos – da construção à conservação das estradas – sem contar o caro combustível utilizado pelos caminhões, encarecendo, ainda mais, por conseguinte, toda a mercadoria transportada.

B) FILHOS E DESCENDENTES

A minha irmã Elsa e seu esposo Valdir tiveram vários filhos. A dificuldade para criá-los foi enorme. Somente depois de todos já criados, adultos, pode-se dizer, é que o trabalho dela, no lar, tornou-se menos estressante. A seguir, a relação dos dependentes do casal:

a) Elizabeta da Silva Rezende Mansk, nascida no dia 16/05/1954, em Araranguá, SC, casada com Mario Mansk, nascido no dia 25/06/1956, em Blumenau, SC (falecido). Filhos: Jean Pierre da Silva, nascido no dia 08/08/1972, em Criciúma, SC, casado com Alexandra Oliveira Santos da Silva, nascida no dia 27/09/1974, em Criciúma, SC; Rodrigo da Silva Rezende, nascido no dia 01/05/1976, *in* óbito; Janaina Rezende da Silva, nascida no dia 21/05/1980, em Criciúma, casada com Clayton Pasold, nascido no dia 04/12/1982, em Itajaí, SC; Patrícia Rezende da Silva, nascida no dia 13/05/1981, em Criciúma (*in* óbito).

b) Valmir da Silva Rezende, nascido no dia 08/06/1955, em Araranguá, SC, casado com Janete Rodrigues Rezende, nascida no dia 24/01/1959, em Criciúma, SC, ambos *in* óbito. Filhos: Daniela Rodrigues Rezende, nascida no dia 17/04/1978, em Criciúma, SC; Daiane Rodrigues Rezende Rubbo, nascida no dia 28/02/1983, em Criciúma, SC, casada com Patrick Nikson Rubbo, nascido no dia 14/08/1979, em Mato Grosso do Sul; Victor Rezende Nascimento, nascido no dia 02/03/1995, em Foz do Iguaçu, PR, casado com Rittiely Cristina de Oliveira, nascida no dia 18/04/1996, em São José, SC.

c) Vilmar da Silva Rezende, nascido no dia 08/10/1956, em Araranguá, SC, *in* óbito, casado com Valquiria Feliciano Rezende, nascida no dia 27/08/1959, em Criciúma, SC (*in* óbito). Filhos: Soraia Feliciano Rezende Antunes, nascida no dia 18/10/1976, em Criciúma, SC, casada com Manoel Epaminonda Antunes, nascido no dia 25/07/1969, em Criciúma; Rodrigo Feliciano Rezende, nascido no dia 03/10/1980, em Criciúma, SC, *in* óbito; Lucas Feliciano Rezende, nascido no dia 28/11/1989, em Criciúma, SC; João Carlos de Souza Neto Rezende, nascido no dia 28/04/1997, em Criciúma, SC.

d) Elizete da Silva Rezende Gutierriz, nascida no 28/04/1959, em Araranguá, SC, casada com Irio Gutierriz, nascido no dia 09/09/1955, em Araranguá, SC. Filhos de Elizete: Ederson Rezende Borges, nascido no dia 24/11/1979, em Criciúma, SC, casado com Rosângela dos Santos, nascida no dia 27/06/1970,

em Imaruí, SC; Eduardo Rezende Borges, nascido no dia 19/01/1980, em Criciúma, SC.
e) Valdemir Rezende, nascido no dia 09/08/1960, em Criciúma, SC, casado com Madalena Félix Ribeiro Rezende, nascida no dia 02/01/1961, em Criciúma, SC. Filhos: Marcelo Ribeiro Rezende, nascido no dia 15/07/1987, casado com Manoela Scheffer Bauer, nascida no dia 28/11/1994, em Torres, RS; Rafael Ribeiro Rezende, nascido no dia 27/09/1989, em Criciúma, SC, casado com Rafaela Borges Amorim, nascida no dia 05/02/1992, em Içara, SC; Brigitti Ribeiro Rezende, nascida no dia 27/01/1993, em Criciúma, SC, casada com Kleiton Franga Lopes, nascido no dia 01/06/1995, em Jaguaruna, SC.
f) Valdeci Rezende, nascido no dia 14/12/1961, em Criciúma, SC, casado com Alenir da Rosa Albino, nascida no dia 09/08/1959, em Jaguaruna, SC. Filhos: Miguel Albino Rezende, nascido no dia 20/12/1983, em Criciúma, SC; Daniele Albino Rezende Laurindo, nascida no dia 03/04/1986, em Criciúma, SC, casada com Junior José Laurindo, nascido no dia 11/05/1984; Beatriz Albino Rezende Damiani, nascida no dia 07/02/1992, em Criciúma, SC, casada com Guilherme Damiani, nascido no dia 19/05/1985, em Criciúma, SC.

XXI FAMÍLIA DE CESAR ANTONIO CORADINI DA SILVA E DESCENDENTES: A MINHA FAMÍLIA

A) PAIS

Cesar Antonio Coradini da Silva e Alice Sfair da Silva (ela *in* óbito). Turvo, SC: minha terra natal.

1 Fragmentos históricos

Cesar, autor deste trabalho, nasceu na localidade de Boa Vistinha, interior, próximo à sede do município de Turvo, SC, que à época era distrito de Araranguá, SC; tendo sido elevado a essa categoria em 1930, pela Lei Estadual nº 1709, quando foi nomeado o primeiro Intendente, Liberato Simon; e em 31 de março de 1938, pela Lei Estadual nº 86, alcançou a categoria de Vila. Coincidentemente foi no mesmo ano em que eu nasci; embora em dia diferente, ou seja, dia 15 de novembro, na localidade de Boa Vistinha, onde minha mãe, Aurora Coradini, era Professora.

Turvo passou à categoria de município a 30 de dezembro de 1948, pela Lei Estadual nº 247, oportunidade em que fora nomeado Prefeito Provisório Osni Paulino da Silva; e, na sequência, a 20 de março de 1949, foi instalado o município e eleito o primeiro Prefeito pelo voto popular, Abele Bez Batti[21].

---

[21] https://pt.m.wikipedia.org > wiki

O Prefeito atual (26/02/2024) é Sandro Cirimbelli, com mandato previsto até fins de 2024.

Todos esses dados que se está apontando é para melhor dimensionar, enriquecer, revestir de maior fidelidade o trabalho que ora se realiza. E, por outro lado, todos os elementos vinculados à história de municípios e demais localidades da região servem para dar sustentação ao trabalho de pesquisa que está sendo realizado; e demonstrar, também, que todos os detalhes, no seu conjunto, auxiliam na argumentação que se faz necessária ao entendimento de que a Colonização Sul-Catarinense foi e continua sendo formada e ampliada, não só pela atividade agrícola específica, mas também por outras variadas atividades, com a participação de todos municípios da região.

Há que se ressaltar que sem a existência da pessoa humana, ou seja, que sem a existência do ser humano, jamais haverá colônia. E a colônia a que se está fazendo referência, é aquela iniciada em Azambuja, distrito de Pedras Grandes, SC, por imigrantes italianos e que se espalhou, ao longo do tempo, por todo o Sul de Santa Catarina, formando dessarte a denominada Colonização Italiana Sul-Catarinense, que engloba, num sentido mais específico, os italianos, e num sentido mais amplo, a mistura de outros povos, de outras etnias. Então, a colonização italiana não significa seja formada só por italianos; não, no caso de que ora se cuida, as pessoas italianas, imigrantes, e seus descendentes, são os que predominam na região, mas é composta por outras etnias, o que resultou nessa miscigenação do povo habitante do sul-catarinense.

Nada por si só é suficiente, ou autossuficiente para se desenvolver. O desenvolvimento da atividade humana em todas as suas múltiplas facetas está vinculado a muitas outras práticas realizadas no curso do tempo. Só a semente não é suficiente para germinar, desenvolver-se e dar frutos. O preparo da terra, a semeadura, a germinação, o crescimento, a floração e a produção do fruto dependem do cuidado humano, que se utiliza de muitas outras atividades, como arar a terra, semear, regar a planta e se utilizar de muitos outros meios disponíveis necessários à obtenção do resultado positivo perseguido e esperado.

2 Novos tempos, primeiros anos de vida

Quando nasci, minha mãe era Professora do ensino primário na localidade de Boa Vistinha, Turvo, SC. Mas em seguida ela deixou o magistério e passou a se dedicar exclusivamente aos afazeres do lar. Mudou de residência com meu pai, meus irmãos mais velhos, Valdemar e Elsa, e todos passamos a viver na localidade de Jundiá, Turvo, SC. Depois de quatro anos aproximadamente, nova mudança de residência foi feita; agora para a localidade de Novo Paraíso, atrás do morro de Meleiro, SC como era conhecida.

3 Novas mudanças: meus primeiros passos no Ensino Primário

Na Escola Primária de Novo Paraíso, ingressei com sete e permaneci até os nove anos de idade, quando terminei a terceira série do Ensino Primário, muito bem alfabetizado e, segundo meus pais, só não dei continuidade aos estudos naquela oportunidade porque a Escola em que estudei, única da localidade, não ia além da terceira série. E, dois anos depois, com nova mudança de endereço para a localidade de Barra do Rio Manoel Alves, também em Meleiro, não foi possível continuar estudando, por não existir estabelecimento de ensino adequado, ou seja, estabelecimento de ensino que tivesse além da série de onde parei de estudar na primeira escola. Havia escola em Meleiro e Araranguá, nas sedes desses municípios; mas a distância não permitia, porque não havia transporte que possibilitasse o deslocamento da localidade onde eu residia com meus pais e demais irmãos, para poder estudar.

4 Novas atividades depois da roça e a grande ajuda de meu pai

Embora criança, continuava trabalhando na roça para ajudar a sustentar toda a família, que era grande, e eu era o terceiro mais velho dos irmãos. Meu pai tinha de trabalhar de carpinteiro e também de pedreiro, às vezes, em pequenas empreitadas, quando era chamado por vizinhos para fazer uma casa, um fogão à lenha, ou qualquer outro trabalho similar. Eram vários filhos, meus irmãos, que vieram depois, e quase todo o sustento da casa vinha dessa atividade informal, graças à habilidade de meu pai, que era um grande profissional nessa área. Mas, quando tinha o tempo livre, também trabalhava na roça com os filhos.

A vida foi muito rude conosco – com meu pai, minha mãe, meus irmãos e eu – mas vivíamos sempre muito unidos, apesar de tanta dificuldade para manter nossa sobrevivência. Foram tempos muito difíceis para todos nós.

5 Perseguindo novos caminhos, exercendo novas atividades

No curso do tempo, muitas coisas passaram a acontecer; como não deu mais para segurar aquela situação à beira da miséria, eu resolvi tomar a iniciativa de sair de casa para aprender o ofício de marceneiro com um primo da minha mãe (embora mais distante, por via de consequência, meu primo também), de nome Rissol, que tinha uma marcenaria na cidade de Turvo, SC. Mas depois de pouco mais de quinze dias, auxiliando outro primo marceneiro, que trabalhava lá também, resolvi desistir e ir morar na Barranca, bairro de Araranguá, com minha irmã Elsa e o cunhado Valdir Rezende, com quem passei a trabalhar de mascate, isto é, vendendo de porta em porta mercadoria destinada a vestuário. Vendendo os chamados cortes para a confecção de roupa masculina por Alfaiate.

Também não prosperou essa nova atividade. Foi aí que tive a ideia de trabalhar como operário numa indústria, na fábrica de fogão à lenha, que me parece de nome Édson, estabelecida à beira do outro lado do Rio Araranguá, próximo ao centro da cidade, onde exerci essa atividade por aproximadamente um ano e meio, até que recebi a visita de um primo por parte de pai, que se chamava Isaias; pessoa boníssima, alegre, muito sorridente, simpática e comunicativa, que me fez muito feliz, uma vez que fazia anos que não o via. É que cedo ele foi morar em Porto Alegre, RS, para tentar a vida e, de repente, foi convocado pelo Exército Brasileiro para prestar o serviço militar obrigatório.

Então, foi a partir daí que me senti ainda mais entusiasmado para também tentar a vida em Porto Alegre, uma vez que um dos meus sonhos era prestar o serviço militar e, quem sabe, seguir a carreira militar no Exército; embora tudo fosse estranho, tudo fosse um tanto obscuro, tudo fosse desconhecido para mim naquele momento. A vida não podia parar.

6 Minha viagem a Porto Alegre e minhas aventuras na grande cidade

Não tardou muito, lá pelos 16 ou 17 anos de idade, decidi me encontrar com Isaias em Porto Alegre, não muito depois daquela visita que ele me fez. Como minha situação na fábrica de fogão era um tanto informal, sem carteira assinada, decidi sair por iniciativa própria, sem aviso e sem formalmente pedir demissão; disse apenas que ia sair do trabalho. Ao receber meu salário no fim do mês, depois de pagar pequenas contas, me sobrou uma nota de um mil cruzeiros (o dinheiro da época era cruzeiro), dinheiro que entendi suficiente para viajar a Porto Alegre, além de alguns trocos a mais para comprar a passagem de ônibus e me manter por alguns dias, até começar alguma nova atividade remunerada capaz de me garantir o sustento.

E assim fiz, sem qualquer noção do que poderia encontrar pela frente – eu era muito inexperiente –, mas deu tudo certo. Minha viagem inicial foi de Araranguá, SC, a Tramandaí, RS, até a casa de minha tia Feliciana, por parte de pai, e o marido dela, tio Júlio Alves, carinhosamente também chamado de Júlio Laranjeira, e das filhas do casal, minhas primas queridas, Neli, Joraci e Noeli, onde fiquei por dois ou três dias, e depois segui de Tramandaí, de ônibus, para Porto Alegre, passando por Osório, RS, seguindo pela Estrada Estadual antiga, passando por Santo Antonio da Patrulha, RS, e Gravataí, RS, até o fim da jornada – Porto Alegre, RS. Na época, como ainda não existia estrada como existe hoje, a viagem de Araranguá a Torres foi pelo litoral, pela beira do mar, pela areia, pela praia, literalmente, e ao chegar em Torres, a travessia do Rio Mampituba foi feita por uma balsa, bem rústica; depois o ônibus seguiu para Tramandaí por uma estrada beirando o mar.

Chegando em Porto Alegre fui de bonde até o Quartel do Exército, no bairro Menino Deus, guiado por um cidadão que se ofereceu para carregar a mala e me orientar até o Quartel. Isso logo que desci do ônibus na rodoviária, na Rua Júlio de Castilhos, hoje centro histórico. Ao chegar no destino, tive sorte de encontrar meu primo Isaias no Quartel naquele momento. Ele era soldado e ao mesmo tempo motorista naquela unidade militar, no CPOR/PA. Logo a seguir ele me conduziu pessoalmente até um quarto de uma casa nas proximidades que ele alugava e lá permaneci por alguns dias com ele, até que fomos procurar uma tia – a tia Elena (sem H) – cujo endereço eu sabia de cor. Era na Rua Machado de Assis, 456, no bairro Partenon, em Porto Alegre, RS. Ela era uma pessoa de idade mais avançada, irmã mais velha de minha mãe, que há muito os parentes não a viam. Morava havia tempo em Porto Alegre, e fazia poucos anos que havia perdido o marido, o tio Antonio Coelho, e o filho único, que se chamava Maurício, casado, que deixou mulher e um filho. Ambos, tio Antonio e Maurício, pai e filho, trabalhavam na Carris, na época dos bondes, e no próprio ambiente de trabalho perderam a vida em acidentes; primeiro o tio Antonio Coelho, e não muito tempo depois, o filho, o meu primo Maurício. Foram duas tragédias que deixaram a tia Elena um tanto perturbada mentalmente, ao ponto de ter de fazer tratamento psiquiátrico no Hospital São Pedro, no Partenon, Porto Alegre, RS, onde fora internada por várias vezes; menos no período em que morei com ela, e não foi muito tempo.

Mas quando eu e meu primo Isaias a encontramos, ela estava em casa e nos recebeu muito bem. Não me deixou sair de lá. Naquele mesmo dia passei a residir com ela, a convite seu. Retornei ao quarto de meu primo para buscar a mala e, logo depois, retornei para a casa da tia Elena, onde me senti mais seguro, até para procurar emprego, o que não tardou muito em encontrá-lo na então Geral de Indústria, uma fábrica de fogão e outros utensílios domésticos, na Av. Bento Gonçalves, bairro Partenon, Porto Alegre.

7 Meu primeiro emprego em Porto Alegre

Meu emprego foi de operário e durou pouco menos de um ano; era o mesmo trabalho que eu desempenhava na fábrica de fogão, o de polir peças de ferro fundido, de fogão, para cromagem, em Araranguá, SC. Era trabalho muito duro, muito pesado, que, ao chegar o fim do dia, eu não tinha ânimo para mais nada, a não ser dormir cedo para descansar até o dia seguinte. Era aquela rotina dia após dia, semana após semana... Ganhando pouco e trabalhando muito e, assim, o tempo foi passando, até que chegou a véspera de Natal, quando eu e todos os que tinham ingressado comigo naquela fábrica fomos despedidos. O empregador, naquela época, dificilmente deixava fechar ano na empresa para evitar que fosse implementada a estabilidade.

Fiquei muito triste com a despedida do emprego, mas, por outro lado, ainda existia uma centelha de felicidade, uma vez que por determinação legal, a empresa estava obrigada a dar uma gratificação de Natal a todos os empregados, ainda que não fosse demitido do trabalho. E isso me deixou um pouco alegre, um tanto animado, porque com o dinheiro que recebi consegui pagar o Alfaiate por um terno de linho que poucos dias atrás eu mandara fazer. Com essa demissão não perdi o ânimo; ao contrário, dois ou três dias depois já havia praticamente esquecido aquele episódio, que me deixara um tanto abalado; talvez por ter refletido um pouco sobre a minha situação. Pensei, como sempre fazia, positivamente: *sou ainda jovem e vou conseguir outro emprego melhor e ainda crescer na vida.*

Não tardou, consegui outro emprego, na Cervejaria Brahma, mas assim como tinha ocorrido com o emprego na fábrica de fogão, também fui despedido quando estava próximo a fechar um ano. Na sequência, trabalhei de vendedor a domicílio de aparelhos eletrodomésticos na Arno, Ibraco e Mesbla, até que me surgiu a ideia de ingressar na polícia civil.

8 Primeiros pensamentos e primeiros passos para ingressar na polícia

Naquele momento o emprego para mim era questão de sobrevivência; sem trabalho eu não tinha como me manter; foi então que eu vislumbrei a possibilidade de ingressar na polícia, mais especificamente na Guarda de Trânsito, uma vez que dependia de concurso público e o meu nível escolar para enfrentá-lo muito deixava a desejar, porque eu tinha cursado, apenas, a terceira série do Ensino Primário, no interior do município de Meleiro, SC. Mesmo assim, não desisti; ao contrário, o meu entusiasmo aumentou e minha força de vontade falou mais alto naquele momento, e segui a frente para satisfazer a minha pretensão; eu nunca fui de parar no meio do caminho, por mais árduas que fossem as circunstâncias a serem enfrentadas.

A Guarda de Trânsito e a Guarda Civil na época existiam só em Porto Alegre, RS. Eram dois segmentos da polícia civil estadual, compostos por policiais fardados; a Guarda de Trânsito, com uniforme bege, quepe (boné) branco com a aba preta; e a Guarda Civil com uniforme azul-marinho, inclusive o quepe (boné), com aba preta.

Percebi, então, que era muito difícil, mas não impossível iniciar a carreira policial, ingressando numa dessas duas corporações, cujas chefias eram o Corpo de Guarda de Trânsito e o Corpo de Guarda Civil. Ambas as corporações, subordinadas à Chefia da Polícia Civil, eram compostas por Guardas de Trânsito e Guardas Civis, que tinham também as suas respectivas chefias, escolhidas pelo Chefe de Polícia, dentre os mais graduados de cada corporação.

Internamente, havia um concurso nessas corporações para a escolha dos policiais em cada Corporação, que iriam integrar o quadro de Fiscais, que eram hierarquicamente superiores aos Guardas, também fardados e, posteriormente, depois de concluído o curso específico para essa área, na Escola de Polícia, eram nomeados para o exercício do cargo de Fiscal da Guarda Civil ou da Guarda de Trânsito. E dentre esses Fiscais, havia também uma escala hierárquica, que iniciava como Fiscal de primeira classe e, mediante promoção, seguia para a classe seguinte, ou seja, segunda, terceira e quarta classes. E esta última classe era denominada de Fiscal Chefe. E somente dentre estes poderia recair a escolha pelo Chefe de Polícia, para chefiar o Corpo de Guarda de Trânsito e Corpo de Guarda Civil. Essas duas chefias eram cargos de confiança e, por conseguinte, remunerados com uma boa Função Gratificada, FG, como era conhecida; por isso, muito disputados.

Também dentre todos os Guardas, havia hierarquias: a carreira iniciava como Guarda de primeira classe e seguintes, até a quarta classe. Tanto entre os Fiscais como entre os Guardas, cada classe era representada por divisas; o Guarda, na lateral dos braços, semelhante a cabo e sargento, das corporações militares; entre os Fiscais, porém, as divisas eram amarelas, nos ombros, assim como amarela também era a parte debaixo da aba do quepe (boné); havia certa semelhança com os oficiais militares, na época, da Brigada Militar. Já o quepe (boné) dos Guardas tinha a aba toda preta. O quepe dos integrantes da Guarda de Trânsito, era de cor branca, com aba preta; e dos integrantes da Guarda Civil, era de cor azul, também com aba preta, exceto os Fiscais de ambas as corporações, cujos bonés, embaixo da aba, eram com uns desenhos amarelos, que guardavam uma certa semelhança com os oficiais das corporações militares, Brigada Militar, como dito antes.

Eu admirava esses uniformes e me imaginava vestido com um deles, tanto fazia – da Guarda de Trânsito ou da Guarda Civil –, achava ambos lindos! Mas acabei por decidir, inicialmente, pela Guarda de Trânsito; até já me sentia uniformizado e conduzindo o trânsito no centro da cidade. Só em me imaginar fardado daquela maneira, ou seja, de fardamento bege com quepe branco de aba preta, me sentia orgulhoso e feliz. Coisas de jovem! Eu tinha 18 anos à época.

9 Meus primeiros passos no Concurso de Guarda de Trânsito

Um dia desci do ônibus na frente do edifício onde é hoje o Palácio da Polícia, naquela época um prédio ainda inacabado, na Av. João Pessoa, em Porto Alegre, e me dirigi ao Corpo de Guarda de Trânsito, que ainda não sabia de que repartição se tratava ao certo. Foi questão de sorte apenas. Logo que entrei na porta, junto ao corredor do primeiro ou segundo andar, não me lembro ao certo, havia uma pessoa do lado de dentro do balcão, que de imediato me atendeu. Foi então que falei a essa pessoa que eu gostaria de ingressar na Guarda de Trânsito e, por isso, gostaria de saber o que poderia fazer para que isso viesse a ocorrer. Fui muito bem atendido e bem orientado. Fui informado de que estava aberto o Concurso para a Guarda de Trânsito, e me deu naquele momento uma relação de quais documentos eu precisaria apresentar para fazer a inscrição e receber o programa sobre as matérias que iriam cair no Concurso, e outras orientações pertinentes. Logo nos dias seguintes fiz a minha inscrição e fiquei aguardando ansioso a data da realização do concurso.

Logo depois deixei aquela repartição, convicto de que iria ser Guarda de Trânsito. E os dias foram passando, até que recebi a notícia de que o Concurso iria ser realizado nos próximos dias, no Colégio Paula Soares, no Centro Histórico de Porto Alegre. Naquele momento fui tomado de muita alegria, mas ao mesmo tempo de uma certa preocupação e angústia, por me faltar o necessário preparo intelectual, o conhecimento suficiente para me submeter às provas e obter aprovação; isso de acordo com a autocrítica que fiz, para enfrentar um concurso daquele jaez; mas eu tinha não só de enfrentá-lo, mas também de obter aprovação; seria a minha redenção, obter a aprovação naquele concurso. Mas que conhecimento eu tinha para seguir seguro para o concurso com a esperança de aprovação? Se o conhecimento que eu tinha de Português, Matemática, História e Geografia, matérias que constavam do programa, era apenas aquele obtido na escolinha primária atrás do Morro do Meleiro, em Novo Paraíso?

Pensei com meus botões: "nunca se deve esmorecer diante de uma situação que parece sem saída..."! Pensamento positivo em primeiro lugar, seguido de fé em Deus e na Santa de que quase todos os católicos são devotos. Em Deus eu sempre acreditei, com a formação católica que tinha, vinda de meus pais, e a devoção que nutria por Nossa Senhora Mãe dos Homens, Padroeira da Paróquia, hoje

Santuário de Araranguá, SC, também estava impregnada em minha alma, em meu espírito; e assim foi forjada a minha personalidade, que desde então passei a ter a primeira noção acerca da religião, ou seja, desde meus primeiros passos, desde que passei a me entender por gente. E sempre nutri essa crença, que era também uma esperança de que tudo iria dar certo, por mais difícil que se apresentasse a situação.

Por aqueles dias, caminhando pela Rua Riachuelo, no Centro Histórico de Porto Alegre, me deparei com um balaio, na frente de uma livraria, acho que seria a Livraria Porto Alegre (hoje não mais existe), onde tinha vários *livrinhos* muito barato, na promoção. Foi então que passei a examiná-los e, dentre tantos, encontrei um pequeno livro que continha justamente as matérias que eu necessitava para estudar naquele período que antecedia o Concurso de Guarda de Trânsito. E como eu sempre fui um tanto autodidata, dentro das minhas limitações e convicções, passei a estudar naquele pequeno livro, sempre que podia, fora do horário de trabalho. Deu certo. Chegou o dia do Concurso, à noitinha, me dirigi ao Colégio Paula Soares e me submeti ao Concurso, realizando as provas.

10 Minha aprovação no concurso para Guarda de Trânsito

Poucos dias depois da prova a que me submeti, qual não foi a minha surpresa quando corri os olhos na relação dos aprovados, constatei que meu nome estava na lista, bem embaixo; era o último, mas estava aprovado, e era isso que me interessava, o número era o 71.º. Agora, sim, mais do que nunca, eu estava convicto de que uma parte de mim já era Guarda de Trânsito; embora ainda dependesse de cursar a Escola de Polícia, já me sentia dentro daquele fardamento bege, e de quepe branco com aba preta. Então, eu já era quase funcionário público. Faltava muito pouco. Dali para frente era só saber conduzir a vida com sabedoria, equilíbrio e paciência; o pior do trajeto eu já havia percorrido; mais um pouco, e eu chegaria com sucesso ao fim da jornada.

11 O Curso de Guarda de Trânsito na Escola de Polícia e a minha subsistência até a nomeação

Embora sabendo que ainda tinha muita coisa pela frente, ou seja, cursar a Escola de Polícia e, depois, aguardar a nomeação para iniciar o estágio probatório de dois anos (este era remunerado); e outras dificuldades, como a minha subsistência durante aquele interregno até a nomeação, não desanimei. Sempre contando com o olhar contemplativo, dominador e condutor de Nossa Senhora Mãe dos Homens, as coisas aos poucos iam se ajeitando e traçando o mapa pelo qual eu deveria seguir meus passos. Foi então que eu fui morar junto com uma senhora e seus filhos, em três peças de uma casa na Rua Tomaz Édson, no Morro Santo Antônio, em Porto Alegre, que ela alugava.

E foi aí que conheci um senhor que era Inspetor de Polícia, e mais tarde conseguiu ingressar mediante concurso, na carreira de Delegado de Polícia. Ele residia com a família na parte de cima da casa de alvenaria, que fora construída num terreno em declive, preparado para que a casa tivesse a parte superior no mesmo nível da rua, e a parte de baixo, do mesmo tamanho da parte de cima; mas em virtude do desnível do terreno, ficou uma casa de dois pisos. A dona da casa residia numa parte e alugava a outra parte, composta por três peças mais banheiro, que essa minha amiga alugava, e foi aí que também passei a residir; inicialmente, de favor; mas logo depois que passei a ter condições financeiras passei a ajudar nas despesas, como aluguel, alimentação, luz e outras despesas domésticas.

O Inspetor, que morava na parte superior daquela casa era um baiano, casado, com filhos, e trabalhava no Almoxarifado da Polícia Civil, no edifício que passou a ser chamado de Palácio da Polícia, cujo destino inicial, falavam, era para abrigar um hospital – Hospital Santa Luzia –, mas isso nunca ocorreu. Aos poucos foi abrigando partes da Polícia Civil, à medida que iam aprontando algumas peças a mais do prédio.

O Inspetor, pessoa boníssima, bastante falante como o é a maioria dos nordestinos, perguntou-me se por acaso eu teria algum interesse em trabalhar no mesmo Almoxarifado, percebendo uma espécie de ajuda de custa para me manter até que eu fosse nomeado Guarda de Trânsito. Não me lembro quanto iria ganhar, mas era em torno de um salário mínimo, e o dinheiro viria da verba de limpeza, que constava do orçamento do Estado para o Almoxarifado da Polícia Civil do Estado. Aceitei a proposta sem muito pensar, e logo passei a trabalhar no Almoxarifado – inicialmente serviços gerais – depois de alguns dias, passei a trabalhar operando uma máquina elétrica, preenchendo umas fichas grandes de entrada e saída de material. Tudo o que entrava no Almoxarifado, resultante de compras, passava por mim; assim como também o material que saía para as diversas repartições da Polícia Civil, como Delegacias Especializadas e Delegacias de Polícia da Capital e do Interior. O trabalho era interessante, mas me faltava mais preparo para desempenhar a contento aquela atividade; mesmo assim, procurava dar o máximo de mim para corresponder à confiança que me fora depositada.

Aquele trabalho passou a me dar condições para eu terminar a Escola de Polícia – o Curso de Guarda de Trânsito – e depois aguardar a nomeação, que eu não via a hora de chegar. Mas como a situação era também difícil para todos os colegas do Curso, todos nós passamos a receber um tipo de vale, que existia e era distribuído pelo Departamento de Administração da Polícia Civil, e era aceito no Restaurante de propriedade de um Fiscal da Guarda de Trânsito, que ocupava uma parte daquele edifício, ainda em obra. Mas alguns bares e restaurantes fora daquele prédio, como no bairro Azenha e outros, inclusive no centro da cidade, também aceitavam aqueles vales como se dinheiro fossem. Acredita-se que foi a partir daí que o então Governador do Estado, Leonel de Moura Brizola, inspirou-se para lançar as então *Brizoletas*, aceitas em algumas casas de comércio, como se fossem dinheiro. Tempos depois, esses cupons apelidados de *brizoletas* poderiam ser trocados por moeda corrente junto ao Tesouro do Estado, RS. Mas isso durou pouco tempo, até que foi proibida a circulação, por estar o Governo Estadual usurpando a competência do Governo Federal, uma vez que essas *brizoletas* se equivaliam a moeda corrente em circulação, embora restrita ao RS.

Depois de alguns tempos de espera, um ano aproximadamente depois do Concurso (contando o tempo de Escola de Polícia), a turma de setenta e um alunos foi nomeada Guarda. Que felicidade! Assim que saiu a nomeação, recebemos o fardamento bege com o quepe branco de aba preta. Tão logo recebi o fardamento completo, assim como os demais colegas, fui me trocar no banheiro, onde entrei à paisana e saí fardado; logo fui para casa, agora um pouco abaixo da Rua Caldre e Fião, e já fui falando: "Agora eu tenho um título, sou Guarda!" Estava explodindo de felicidade. Como a profissão exigia que o Guarda para entrar em serviço tinha de estar armado, com um revólver no coldre, não demorou muito e fui chamado no Almoxarifado da Guarda de Trânsito para receber a arma: um revólver calibre 32, mais seis balas, que eu não tinha certeza se funcionava. Coloquei cinco balas no tambor de seis, como era recomendado, coloquei a arma no coldre, que recebi com o cinturão, no momento da entrega do fardamento, e saí todo prosa, sentindo-me o máximo; "Era eu e um mocinho de filme americano", me imaginava!

12 A retomada do ensino regular e o meu progresso profissional

Daquele momento para a frente. na condição de Guarda de Trânsito, não tive a menor dúvida de que minha vida continuaria sempre a melhorar. Não tardou muito, depois de uns dois ou três meses, não estou muito certo, quando já estava um tanto acostumado com a rotina do dia a dia, de cedo da manhã, ou da tarde, dependia do turno, comparecer ao Corpo de Guarda de Trânsito, que funcionava naquele mesmo prédio que viria a ser o Palácio da Polícia de hoje, onde todos os Guardas que iriam entrar de serviço naquele turno entravam em forma. Era feita a chamada, e cada um era encaminhado para o seu posto onde iria prestar serviço naquele dia, na rua.

Um dia, logo depois da chamada, no turno da manhã, uma Senhora de meia-idade, um pouco gorda e de estatura um tanto baixa, estava esperando naquele local, à frente de todos, que depois fiquei sabendo tratar-se de uma Professora; a ela foi concedida a palavra pelo Fiscal de Trânsito responsável pelo turno, naquele momento, e falou a todos que ela estava organizando uma turma para um Curso de Alfabetização, no Colégio Emílio Massot, localizado na Av. Getúlio Vargas, em Porto Alegre, RS, à noite. Tratava-se de um curso de alfabetização, preparatório para a admissão ao Ginásio. Ao cabo de três meses de curso, fazia as provas e, uma vez aprovado, o aluno recebia um certificado todo ele escrito no verso de forma enviesada e repetida: *CURSO DE ALFABETIZAÇÃO, CURSO DE ALFABETIZAÇÃO, e assim seguia*. Mas também vinha grafado o nome do aluno e outros escritos, como o nome do Colégio, da Professora, da Diretora, etc. Esse certificado de fundo amarelo e letras escuras equivalia àquele referente à conclusão do ensino primário em série; por isso, habilitava o aluno adulto a fazer a inscrição ao Concurso de Admissão ao Ginásio.

13 Início e conclusão do curso de preparação ao Ginásio

No mesmo momento em que aquela Senhora Professora avisou sobre esse Curso de Alfabetização, equivalente ao Curso Primário completo, para ingresso ao Ginásio, de imediato eu me candidatei e no dia e horário aprazados, compareci ao Colégio indicado e fiz a minha inscrição. Parece-me que somente um outro colega Guarda de Trânsito se interessou pelo Curso. Mas havia outros alunos, em torno de oito ou dez. Iniciei e terminei essa empreitada; presente que, para mim, caiu do céu. – Se não fosse o surgimento dessa grande oportunidade no momento certo, será que eu iria conseguir tudo o que consegui dali para frente? – Não sei. Tenho sérias dúvidas a respeito. Parece-me que ao cabo de três meses, concluí o curso, fiz as provas com muito sucesso, e logo depois recebi o *famoso* Certificado de Alfabetização – foi o primeiro canudo da minha vida, em estabelecimento de ensino regular, depois daquele de Guarda de Trânsito, fornecido pela Escola de Polícia –; e que alegria! Aquele mesmo curso também se destinava ao preparo, parte prática, da Professora; uma espécie de estágio para Normalistas, em final de curso. Minha Professora era uma moça de fino trato, Normalista em fim de curso, bem jovem, talvez com 16 ou 17 anos de idade, muito didática no ensino que ministrava; era muito delicada e querida; cumpriu perfeitamente aquela tarefa de que o Colégio a incumbira.

14 Minha Admissão ao Ginásio, a dificuldade na continuidade e conclusão do curso e Concurso de Escrivão de Polícia

Curso primário terminado, compareci ao Colégio, na época Colégio Comercial Protásio Alves, na Av. Ipiranga, Porto Alegre, RS, me inscrevi no Concurso de Admissão ao Ginásio, poucos dias depois fiz as provas, disputando vaga junto a vários outros candidatos, todos se submetendo a provas escritas e orais, e poucos dias depois o resultado dos que passaram nas provas foi exposto no painel, no saguão da Escola. Qual não foi a minha surpresa: o meu nome constava da relação dos aprovados e ainda com boa classificação. A alegria tomou conta de mim novamente; sabia que a partir daí meu sonho de estudar, até então distante, se ainda não estava realizado, estava se realizando e já no fim dessa jornada, ou seja, de ter conquistado uma vaga no Ginásio, por esforço próprio. Logo me matriculei na primeira série do Curso Ginasial Comercial, daquela Escola Pública, e iniciei os estudos.

Nessa época, mesmo como Guarda, encontrava-me trabalhando no serviço administrativo – novamente no Almoxarifado –, para onde fui cedido; o que muito me facilitou a iniciar e dar continuidade aos estudos do Curso Ginasial, uma vez que, trabalhando no serviço administrativo interno, só à tarde, sem cumprir, evidentemente, a escala do serviço externo, como Guarda, o tempo para estudar era muito mais folgado, porque só à noite eu frequentava o Curso – iniciei com 19 e terminei com 22 anos de idade os quatro anos letivos.

No meio do caminho, quando eu iniciava a terceira série do Ginásio, fui aprovado no Concurso de Escrivão de Polícia a que me submetera. Foi outro momento de muita felicidade; e como eu trabalhava só à tarde, continuei estudando à noite no Colégio e, pela manhã, estudava na Escola de Polícia, fazendo o Curso de Escrivão, sem maiores dificuldades.

O currículo escolar na época, apesar de as disciplinas serem quase as mesmas, com pouca diferença, às vezes, não seguia igual em todos os turnos –, havia alguma diferença de um turno para outro – o que dificultava o aluno que quisesse mudar de turno – e foi o que aconteceu comigo. Como depois de concluído o Curso de Escrivão na Escola de Polícia eu passei a ter o turno da manhã disponível, desconhecendo a complicação que eu teria de enfrentar; e foi uma encrenca danada! Mudei de turno depois de requerer à direção do Colégio e ter sido autorizado; ingressei no turno da manhã, aproximadamente na metade do ano; mas se arrependimento matasse...! Nas primeiras provas, encontrei muita dificuldade, principalmente em Matemática, cuja matéria era Geometria e eu não conseguia acompanhar a matéria a contento. Minhas notas nas sabatinas (espécie de prova durante o ano) eram vergonhosas em Matemática; cheguei próximo ao final do ano e do Curso com notas baixíssimas. Precisava de uma boa média durante o ano para não necessitar de muita nota na prova final, prova de cada matéria no final do ano letivo. Em Matemática eu estava um tanto assustado; minha média era dois, o que significava que tinha que obter pelo menos nota oito na prova final para ficar com media cinco. E o pior, naquela época não havia recuperação de grau. Eu encontrei a solução! Qual solução? Muito simples! Falei com o Professor e ele me deu o nome dos livros que ele se utilizava para ministrar as suas aulas; eram dois volumes, que tenho guardado até hoje com muito carinho: um de GEOMETRIA e outro de ÁLGEBRA, de autoria do Professor Licenciado de Matemática e Engenheiro Oswaldo Marcondes. Bons livros que me salvaram naquele final de ano. Se não fosse aprovado, ou seja, se eu não obtivesse no mínimo oito, teria de repetir todo o ano e todas as matérias; sim, todas as matérias, mesmo que fosse aprovado em todas as demais. Era injusto? Sim, poderia ser, mas não tinha como se livrar dessa situação; ou eu passava em todas as matérias, e terminava o Curso Ginasial; ou rodava, ainda que em uma só matéria, e teria de repetir o ano completo.

Com os dois volumes do livro de Matemática em mãos, pedi uma licença por dez dias ao Chefe do Almoxarifado, onde eu trabalhava, fui para casa e comecei a estudar durante todo o dia, até tarde da noite, revisando e repetindo todas as questões do livro. Quando chegou o momento da prova, eu estava absolutamente tranquilo, porque qualquer questão que caísse na prova eu saberia solucionar. E assim foi: logo que recebi a prova, dei uma olhada e fiquei ainda mais animado e contente: tinha certeza absoluta de que iria obter nota dez, exceto se eu cometesse algum errinho ao elaborar os cálculos. Fiz toda a prova com a certeza absoluta de ter solucionado todas as questões e, ainda, tive tempo de revisá-la, carinhosamente, e ficar com a plena convicção, com a plena certeza de que tudo estava certo, de que tudo estava resolvido. Era só aguardar o resultado para confirmar a nota dez que eu estava esperando. E não deu outra. Lá na relação de alunos da turma, o meu nome estava grafado com a caligrafia do Professor, com a nota DEZ – único dez da Turma no exame final de Matemática – e a minha média ficou em SEIS. Estava passado de ano e obtendo o Certificado Ginasial. Que alegria, meu Deus! Ali também, estou convicto, teve o dedo da Nossa Senhora Mãe dos Homens, querida Padroeira do Santuário Nossa Senhora Mãe dos Homens, de Araranguá, SC, que mais uma vez olhou por mim e me protegeu. Mas também o dedo de Deus foi apontado para mim naquele momento, e com o seu olhar profundo e sereno refletiu em mim a sua absoluta e inigualável sabedoria. Eu fiquei imensamente feliz com o resultado da prova; até porque era o último ano do Curso Ginasial e, qualquer tropeço mais significativo, que viesse a causar a minha reprovação, teria de repetir o ano com todas as matérias. E essa dificuldade que teria de enfrentar, ou seja, mais um ano de curso pela frente, foi o que psicologicamente me deixou extremamente preocupado, mas, ao mesmo tempo, foi a causa que me levou a redobrar esforços; sem desconhecer, contudo, que foi também um estímulo, embora angustiante, para me aprofundar no estudo daquela área da Matemática, o necessário à obtenção do conhecimento para, com segurança, enfrentar aquela prova final e responder a todas as questões formuladas pelo Professor. E assim terminei a prova de Matemática com sucesso e, também, com sucesso, o Curso Ginasial – grande passo no caminho de minha existência.

15 Curso Ginasial terminado, alguns tropeços nos estudos, e o meu envolvimento amoroso

Terminado o Ginásio Comercial, cheguei a me inscrever no Curso de Contabilidade no mesmo Colégio Protásio Alves, com início no ano seguinte. Mas não era o que eu queria; não, não era na área de Ciências Exatas que o meu perfil se encaixava; ou, por outro lado, meu perfil não se encaixava nessa área de Ciências Exatas; foi então que devidamente habilitado, com a documentação pertinente em mãos, me dirigi ao Julinho, ou seja, ao Colégio Júlio de Castilhos, também em Porto Alegre, até mais próximo de meu trabalho, e me inscrevi para cursar o Clássico, porque ao final, pretendia um curso na área de Ciências Humanas – Direito. Mas havia também o Científico, Curso Secundário para quem desejasse cursar a Faculdade relacionada a outras ciências, como Medicina, Farmácia, Biologia e outras. O que não era a minha pretensão; o que eu desejava mesmo era o Curso de Direito e, por isso, o Clássico era o Curso Secundário adequado para ingressar na Faculdade de Direito, mediante Vestibular, que assustava muita gente, mas era o que eu queria e não abria mão.

Mas não cheguei a entrar para o Clássico no Julinho. Naquele meio tempo fui removido como Escrivão de Polícia, a pedido, para a cidade de Passo Fundo, RS. E lá ingressei no Clássico, mas nem sequer concluí o primeiro ano; cancelei a matrícula depois de poucos meses de curso, apesar de ir muito bem, de obter boas notas. É que em pouco tempo pretendia, se tudo desse certo, retornar a Porto Alegre, como de fato veio a ocorrer pouco tempo depois.

Transcorrido pouco tempo de minha chegada na cidade de Passo Fundo, fui morar no Hotel Avenida, na Av. Brasil, que ficava próximo à Delegacia de Polícia onde eu exercia minhas atividades de Escrivão de Polícia – uns três quarteirões, aproximadamente – na mesma Avenida. Minha ida e vinda do hotel para o trabalho era bastante facilitada pela pouca distância; aquele trajeto era feito a pé em poucos minutos.

No fim de uma tarde, pelas seis horas aproximadamente, trajando terno e gravata, como era o meu hábito de vestir, naquele dia, usando também capa de chuva e chapéu para melhor me agasalhar da chuva fria que caia – era uma tarde de primavera – logo que cheguei no hotel e entrei pela porta da frente, já ingressando no corredor que dava para o meu quarto, de frente, junto à Avenida Brasil, me deparei com uma moça de tez morena clara, de cabelos pretos, que me olhou com um penetrante olhar, e que fora no momento correspondido; ou seja, no mesmo momento eu também fixei meus olhos nos dela, sentindo instantaneamente que algo de especial estava acontecendo naquela troca de olhares. Ela me olhou mais vezes até entrar na sala onde estava sua prima e namorado, e mais a dona do hotel. Não demorou e fomos apresentados um ao outro e também à prima dela, que eu ainda não a conhecia. Conversamos rapidamente – ela era bastante extrovertida –, de boa conversa e logo nos despedimos. Eu entrei no meu quarto e ela foi embora com a prima, que residia na Rua Moron, no centro da cidade, bem próximo ao hotel. Fiquei sabendo que, juntamente com a mãe, fazia uns dois ou três dias que tinham chegado de Porto Alegre, onde moravam, para visitar a prima, que era filha de uma irmã do seu pai. No momento em que fomos apresentados, fiquei sabendo o seu nome; chamava-se Alice – Alice Sfair – e sua prima, Leda, namorada do filho da dona do hotel. No dia seguinte, naquele mesmo horário aproximadamente, voltamos a nos encontrar no hotel, *coincidentemente*. Ela solteira, eu solteiro, livres e desimpedidos, não tardou e daqueles dois encontros nasceu namoro entre nós, que foram marcados por outros encontros, até que eu fui transferido para Novo Hamburgo, a pedido, na época conhecida como Capital do Calçado, onde passei a morar e a trabalhar na Delegacia de Polícia, como Escrivão de Polícia. Então, passei a morar num hotel, bem central, de frente para o Café Avenida, dividindo um quarto com um colega de trabalho, então Inspetor de Polícia, depois Delegado em Santa Catarina. Trabalhávamos na mesma Delegacia de Polícia, naquela cidade, na Rua Júlio de Castilhos, não muito distante do centro da cidade. Nós íamos a pé para o trabalho.

16 Casamento com Alice, retomada e novo progresso nos estudos

Não tardou muito, pouco mais de um ano se passou, e nós, Alice e eu, contraímos matrimônio. Passei a trabalhar em Porto Alegre; retornei, então, para Porto Alegre, de onde havia saído há pouco mais de um ano e meio. Casados, inicialmente fomos morar provisoriamente com minha sogra Violeta e minha cunhada Raquel, no bairro Floresta, também em Porto Alegre, defronte à Igreja São Pedro, onde tínhamos nos casado. Pouco tempo depois, um ano talvez, recebemos o apartamento que havíamos adquirido na planta, na Av. Princesa Isabel, bem próximo de meu trabalho, na Delegacia de Acidentes de Trânsito, no Palácio da Polícia, prédio onde antes já havia trabalhado, como Guarda e também como Escrivão de Polícia: inicialmente no Almoxarifado, depois no Setor de Folha de Pagamento dos servidores da Polícia Civil.

No período em que moramos com minha sogra e cunhada, ingressei num curso preparatório para prestar os exames das matérias referentes ao Segundo Grau, sem ter que ingressar no colegial regular, ou seja, no Clássico, como era a minha pretensão inicial. Mas como retardei um pouco, procurei ganhar tempo e prestar tão somente os exames das matérias correspondentes ao Segundo Grau, permitido por lei, chamado de Artigo 99, depois Exame de Madureza; mas o que interessava mesmo é que uma vez aprovado nas matérias pertinentes, isto é, naquelas matérias previstas em lei, recebia um certificado e poderia prestar o Exame Vestibular em qualquer curso e em qualquer faculdade. Então, em questão de seis meses terminei tudo, ou seja, prestei todos os exames daquelas matérias necessárias à conclusão do Segundo Grau e, agora, habilitado, de imediato, me submeti às provas do Exame Vestibular para o Curso de Direito na Universidade do Vale do Rio dos Sinos – UNISINOS; fui aprovado e segui cursando Direito, sonho que há muito eu acalentava e que agora se tornara realidade.

Mas todo esse impulso inicial para me submeter às provas do Segundo Grau e obter, assim, a habilitação para o Vestibular do Curso de Direito foi, admito, em função do incentivo da Alice, a minha esposa. Inclusive foi ela quem fez a minha inscrição no curso de preparação aos exames do Segundo Grau, que funcionava no Centro de Porto Alegre, e depois, no curso de preparação ao Vestibular, também no Centro. A irmã da Alice, chamada Raquel, Professora de História e de Geografia, também me prestou alguma ajuda; tive com ela umas quatro ou cinco aulas nessas matérias, que me foram muito úteis também.

A Alice, desde o nosso casamento, sempre me incentivou muito a estudar e a fazer Concurso Público; primeiro fiz para Delegado de Polícia; isso depois de casados – eu era Escrivão de Polícia. Depois do Concurso para Delegado, no qual obtive aprovação, me submeti ao Concurso para a carreira de Promotor, e também fui aprovado e, assim, nossas vidas mudaram muito para melhor. O incentivo de Alice, reconheço, sempre me foi muito útil. Ela era muito inteligente, e, embora não fosse formada em curso superior, gostava de fazer música, de cantar e de tocar violão; teve, inclusive, uma música classificada para concorrer ao IV Festival da Música Popular, em Porto Alegre, com o nome de RONDA DA LIBERDADE – letra e música de autoria dela. Mas venceu o festival Túlio Piva, já muito experiente como compositor e cantor. Alice gostava de escrever contos e, também, de fazer cursos e trabalhar com artesanato. Fez também curso de pintura, e pintou vários quadros a óleo; muitos foram vendidos e outros estão em meu poder. São lindos quadros. E o produto do trabalho artesanal, além das pinturas a óleo – ela era muito criativa – vendia para as amigas, que eram muitas. Ela era muito carismática e com muita facilidade aumentava cada vez mais o círculo de amizades; era muito grande o número de amigas que ela conquistou em todos os lugares em que moramos por necessidade imposta por minha profissão ao longo de algum tempo, em várias cidades do interior do Estado.

Na área musical, dava aula de violão e, assim, me ajudava também financeiramente; pelo menos até eu iniciar minha carreira de Delegado de Polícia, por muito pouco tempo, porque logo depois assumi como Promotor de Justiça. E no Concurso para Promotor, ela me ajudou muito também; é que ela tinha gosto muito refinado pelas coisas; tinha bom senso crítico; sabia observar, analisar e criticar se fosse o caso.

No Concurso que fiz para o Ministério Público – carreira de Promotor de Justiça –, estudei muito para a Prova de Tribuna – a última depois das provas escritas e orais. A pontuação atribuída a essa prova era constituída pela avaliação de vários itens, como postura na tribuna, entonação de voz, dicção, conhecimento jurídico sobre o ponto de Direito Penal sorteado, e outros.

Em casa fiz vários discursos práticos simulados, de vários pontos de Direito Penal, que escolhia aleatoriamente no Programa. Foram vários discursos, e ela me observando; corrigindo, por exemplo, a minha postura na tribuna; a entonação de voz e outros itens. Ela, inclusive, *bolou* uma frase de impacto, para o fechamento do discurso que muito me surpreendeu. Fui muito bem na prova de tribuna, última do concurso, que me ajudou muito a elevar a média das demais, em especial de Direito Penal, que não tive tempo de fazer toda ela em função da prova que tinha de fazer na Escola de Polícia, ao término do Curso de Delegado, que coincidiu com aquele horário.

Estudava pela manhã e trabalhava à tarde na Delegacia de Acidentes de Trânsito, no Palácio da Polícia, como Escrivão de Polícia. Mas agora na função de Secretário da Delegacia, função para a qual fui indicado pelo Delegado titular da época e nomeado pelo Secretário de Segurança Pública. E a função que passei a exercer, por ser gratificada, me proporcionou melhores condições financeiras e, por conseguinte, consegui terminar o Curso de Direito com mais facilidade, porque nessa época eu tinha uma família para sustentar: a esposa Alice e as duas filhas, Laura e Adriana, que nasceram naquele período em que eu cursava a Faculdade.

17 Nascimento das minhas filhas

A) Nascimento da Laura

A minha filha mais velha, Laura Sfair da Silva, nasceu no Hospital Beneficência Portuguesa, Porto Alegre, na manhã do dia 27 de abril de 1970, quando eu estava na Faculdade e recebi o resultado da prova de Português, em que obtive nota dez. Logo depois, cheguei no Hospital onde a Alice (a *Betica*, como todos a chamavam carinhosamente) estava baixada para se submeter ao trabalho de parto; minha sogra, Violeta (*Vivi*, como era chamada, também carinhosamente), logo que cheguei da Faculdade, deu-me a grata notícia de que eu já era pai: Alice havia dado à luz a Laura, e ambas estavam muito bem de saúde. Minha felicidade naquele momento transbordou, foi enorme. Nunca tinha sentido o que agora sentia; foi muito grande mesmo: chorei de felicidade. Foi uma sensação estranha, sensação até então nunca sentida; uma coisa bem diferente. Então, no mesmo dia obtive nota dez na prova de Português, na Faculdade, e ganhei a filha Laura, que há muito esperava. Observo que eu estava ainda cursando o Básico, recentemente implantado pela UNISINOS para, depois de concluído, iniciar o Curso propriamente dito. Eram seis disciplinas, e sem a conclusão de todas não poderia seguir no Curso escolhido, que ainda dependia de classificação para obter uma vaga dentre as oferecidas; assim era em todos os Cursos. Mas, sem qualquer obstáculo, fiquei muito bem classificado para dar início às demais disciplinas no Curso de Direito que escolhi. Fiquei muito contente com tudo o que aconteceu naquele dia 27 de abril de 1970. Por isso, tenho o número 27 como sendo também o meu número de sorte. Até porque, minha filha mais nova, e minha bisneta, neta da Laura, nasceram também no dia 27, claro que em anos diferentes, Adriana no dia 27 de janeiro de 1972; a minha bisneta Alícia, no mesmo mês da avó Laura, isto é, no dia 27/04/2017.

B) Nascimento da Adriana

Não tardou muito e nasceu a minha filha mais nova, a segunda – a Adriana – no Hospital Ernesto Dornelles, também em Porto Alegre; dois pequenos quarteirões distantes da Av. Princesa Isabel, onde morávamos. Dessa vez eu estava presente no hospital, assim como minha sogra Violeta e a cunhada Raquel, e lá pelas 23h começou um baita temporal, com muita trovoada e relâmpagos, que preocupou a todos, tendo em vista que a Alice já tinha sido levada à Sala de Parto, porque havia chegado a hora do nascimento do bebê. E então poderia faltar luz ou acontecer qualquer outra coisa que impossibilitasse a realização do parto. Num momento como esse se pensa de tudo! Faltar luz? Por quê não? Mas e o gerador? Sim, o gerador! E se ocorrer uma pane, impedindo a ligação do motor? E se faltar combustível? Tudo de ruim vem à mente. É uma só aflição. Que tortura, meu Deus!...

Não aconteceu nada; felizmente foi só o susto! Aliás, aconteceu sim! Mas tudo o que era de bom! Naqueles minutos de preocupação com o forte temporal, nasceu um lindo bebê! Nasceu a Adriana, que deu a todos muita alegria, a partir do restante da noite, quando já era madrugada naquele momento. Tudo correu bem com o parto, apesar de ter sido por meio de cesariana, coisa que já era o meio bem corriqueiro na época.

Alice, recuperada da fraqueza do parto, e a Adriana, com bastante saúde e forte, foram conduzidas para casa, ali bem próximo, sem que demandasse qualquer dificuldade. Se quisesse, dava para ir a pé; mas não houve necessidade; fomos todos de carro para o nosso aconchegante apartamento na Av. Princesa Isabel, esquina com a Av. João Pessoa, lado esquerdo no sentido bairro-centro da cidade de Porto Alegre, Capital do Estado do Rio Grande do Sul.

Família formada – mulher e duas lindas filhas – com menos de dois anos de diferença de idade, a Laura nasceu no dia 27 de abril de 1970, ano em que iniciei a Faculdade de Direito; a Adriana, no dia 27 de janeiro de 1972. Coincidentemente, ambas nasceram no dia 27; número que considero como o meu número de sorte, repito.

E a vida continuou para todos... No final de 1974 me formei em Direito; mas continuei estudando um pouco, já me preparando para os concursos que eu tinha pela frente.

18 Concursos para as carreiras de Delegado de Polícia e de Promotor de Justiça

Depois de umas férias, em 1975, me inscrevi no Concurso para a carreira de Delegado de Polícia e, logo depois, a data para a realização do Concurso fora aprazada; realizei as provas e fui aprovado com uma boa margem de vantagem. Logo depois me matriculei na Escola de Polícia, na Av. Azenha, próxima ao Centro Comercial de Porto Alegre, RS, mesmo endereço de quando fiz o Curso de Escrivão de Polícia; passei, então, a frequentar as aulas do Curso de Delegado de Polícia. Mas também estava inscrito no Concurso para a carreira de Promotor, do Ministério Público do Estado do Rio Grande do Sul; na época, Promotor Público, depois Promotor de Justiça, cuja alteração constou em caráter definitivo na Constituição Federal de 1988. Não sei por que foi feita essa alteração, uma vez que o Promotor, órgão que é integrante do Ministério Público, Estadual ou Federal, funcionalmente autônomo e independente, não está subordinado a quem quer que seja; só deve satisfação à lei e a sua consciência; tem suas atribuições bastante amplas; vai muito além da atividade constitucional de promover justiça junto ao Judiciário, por exemplo; exerce múltiplas outras atribuições, como, além de titular da ação penal e outras, tem a função de fiscal da lei e órgão de sua execução; exerce o controle externo da polícia e dos presídios; requisita a instauração de inquérito à autoridade policial, e muitas outras atividades, que não estão afetas à mera promoção de justiça.

A mudança do nome "Promotor Público" para "Promotor de Justiça" não foi muito do agrado dos Promotores; muitos, como eu, preferem a denominação de "Promotor Público". Mas como é Promotor de Justiça que consta na Constituição Federal, é assim que deve ser denominado. O importante é que continuou como órgão autônomo e independente, sem pertencer a nenhum dos Poderes, ou seja, sem pertencer ao Poder Executivo, ao Poder Legislativo nem ao Poder Judiciário. Como muitos falam: "É quase um Quarto Poder da República".

Depois de praticamente um ano à disposição da Escola de Polícia, percebendo o mesmo salário como se estivesse trabalhando, no dia em que estava terminando a última prova do Curso de Delegado, iniciou o Concurso para Promotor, no mesmo horário; situação que me preocupou. Falei, então, com o Professor daquela disciplina, e ele concordou em me esperar para realizar a prova mais tarde. Como o início da primeira prova do Concurso para Promotor atrasou, fiz às pressas as questões que eu sabia, para não obter nota zero e, assim, não ser eliminado de plano, do Concurso, ainda que fosse muito bem nas provas seguintes; de imediato fui para a Escola de Polícia e ainda alcancei o Professor, que já estava se retirando, prestes a ir embora. Mas falei do ocorrido, e ele compreensivamente me permitiu fazer a prova e, assim, consegui ser aprovado sem colocar em risco o Curso de Delegado, que momentos antes ainda não estava absolutamente concluído, porque dependia, ainda, daquela única disciplina, ou seja, daquela prova, última do Curso de Delegado; depois da prova de Direito Penal para o Concurso de Promotor, em que coincidiram as datas. Finalmente deu tudo certo: concluí o Curso de Delegado ainda naquele dia e também, dias depois, o Concurso para a Carreira de Promotor Público, do Ministério Público Estadual.

Então, consegui dar continuidade à realização das demais provas no Concurso para a Carreira de Promotor, sempre no mesmo local – Faculdade de Direito da UFRGS – na Av. João Pessoa, próxima ao centro da cidade, exceto a prova de tribuna, que foi realizada na então sede do Ministério Público, na Av. Borges de Medeiros, no Centro Histórico de Porto Alegre; e embora o percalço inicialmente ocorrido, consegui obter sucesso: passei no Concurso, o que me fez muito feliz. Desde cedo, era a carreira de Promotor Público, integrante do Ministério Público gaúcho, que eu sonhava, mesmo antes de cursar a Faculdade de Direito. Fui tomado de agradável sensação de estar profissionalmente realizado: o objetivo que eu persegui e consegui, finalmente, alcançar. Levou tempo; sim, levou tempo, mas quando se quer alguma coisa, persistindo na busca dela se consegue. Daí para frente era tão somente procurar exercer minhas atribuições como Promotor Público, com toda a seriedade inerente ao cargo. Assim passei a exercer as atribuições que me competiam, de "defensor da sociedade" como sempre foi tido o Promotor Público, hoje Promotor de Justiça.

Logo que fui nomeado, depois de concluídas todas as provas e homologado o resultado de todos os que passaram no Concurso, e realizados os exames médicos de praxe, exigidos por lei, me foi destinada a Promotoria de Jaguari, RS, Comarca bem distante de Porto Alegre, depois de Santa Maria, considerando o caminho para São Borja, que se localiza na fronteira do Brasil com a Argentina.

Como Delegado de Polícia me mantive no cargo até a nomeação para Promotor; por alguns meses, apenas. Mas depois da nomeação para o cargo de Promotor, permaneci por mais um mês em Porto Alegre, recebendo algumas orientações, como ocorre com todos os Promotores logo depois da nomeação pelo Governador do Estado. Nesse interregno, aluguei casa em Jaguari, e fiz a mudança, e para lá eu e minha família nos mudamos. Todos contentes, eu, a Alice e as crianças, Laura com 7 anos e meses de idade, e Adriana com 6 anos e meses de idade. A Laura já cursava o Primário, o primeiro ano, iniciado em Porto Alegre, no bairro Azenha, depois de concluir o Jardim de Infância, na Escola Infantil Girafinha, Praça Jayme Telles, na Av. Bento Gonçalves, bairro Santana; e dado continuidade numa pequena Escola em Jaguari; já a Adriana, mesmo com seis anos, iniciou o Primário nessa nova cidade, onde passamos a morar. Gostamos muito da cidade; foi muito bom todo o tempo que lá moramos – aproximadamente três anos. No verão, desfrutávamos de uma linda praia ao lado da cidade, no Rio Jaguari, próximo de casa.

19 Promotor titular de Jaguari e substituto de Santiago

Com poucos meses em Jaguari, assumi, também, concomitantemente a Promotoria de Santiago, uns quarenta quilômetros de distância, tendo em vista que o colega titular daquela Promotoria entrou em férias e logo foi promovido, assumindo seu posto em Santa Maria; como o substituto legal era o Promotor de Jaguari, passei a substituir o colega que fora promovido e permaneci substituindo por bastante tempo, mais de um ano, até que para aquela Promotoria chegou um colega de turma do Concurso de Promotor, meu antigo chefe na Delegacia de Acidente de Trânsito: ele era o Delegado de Polícia titular e eu era o Escrivão Secretário da mesma Delegacia em Porto Alegre. Logo que esse colega assumiu a Promotoria de Santiago, eu passei a exercer os meus misteres tão somente na Promotoria de Jaguari, onde eu já era o titular.

20 No Tribunal do Júri em Santiago

Minha estreia no Tribunal do Júri foi em Santiago, logo que passei a exercer as minhas atividades como Promotor substituto naquela Comarca; foi logo nos primeiros dias e foi o primeiro de uma sequência; deu tudo certo, inclusive com os demais júris que se seguiram, cujas datas já estavam aprazadas, e outros que iam sendo marcados pelo Juiz da época, Dr. Leo Lima, que mais tarde chegou a Desembargador e, inclusive, Presidente do Tribunal de Justiça/RS.

21 Minha promoção a Promotor de Segundo Entrância

Depois de aproximadamente três anos, fui promovido por merecimento à Segunda Entrância; inicialmente era para assumir a Promotoria de Frederico Westphalen, mas acabei por assumir a Promotoria de Osório, RS, por uma deferência do Procurador-Geral de Justiça, que concordou em me classificar nessa Promotoria, que também estava vaga, ao aceitar minhas ponderações no sentido de que eu precisava estar numa Comarca que facilitasse a ida da Alice a São Paulo, visitar a mãe, que estava muito doente, com certa frequência, que veio a entrar em óbito pouco tempo depois

Em função da distância que separa a Promotoria de Jaguari da Promotoria de Osório, fora-me concedido pela Procuradoria-Geral de Justiça, chefia do Ministério Público, mais um mês de trânsito, uma faculdade do Procurador-Geral, além dos trinta dias a que todos os Promotores têm direito para fazer a mudança, o que ocorreu dentro daquele espaço de tempo, com bastante folga; fomos morar num apartamento que aluguei, próximo à Promotoria, junto ao centro da cidade. O apartamento era muito bom; o único inconveniente é que não tinha garagem, não tinha box de estacionamento; mas como nas proximidades tinha um posto de gasolina com garagem, aluguei um espaço e lá passei a colocar o carro à noite.

Minha família desfrutou pouco de Osório; como a cidade fica próxima à Arroio do Silva, à época Balneário de Araranguá, SC, e atualmente município que fora emancipado, adquiri um apartamento naquela praia, onde a Alice, a Laura e a Adriana, ainda crianças à época, permaneciam por mais tempo, principalmente nas férias escolares, que eram bastante alongadas se o aluno passasse de ano por média. Todos os fins de semana, no verão, eu me deslocava para lá, para junto da família.

22 Minha promoção a Promotor de Terceira Entrância

Por motivo de minha promoção à Terceira Entrância, que ocorreu em pouco mais de um ano, da Promotoria da Comarca de Osório, tivemos novamente que nos mudar de residência, para a Comarca de Soledade, para assumir a Primeira Promotoria, para a qual fui promovido; quer dizer, a promoção na realidade fora para São Luiz Gonzaga, RS; todavia, como naquele interregno, ou seja, naquele espaço de tempo destinado ao trânsito para assumir a Promotoria, vagaram as Promotorias da Comarca de Soledade, oportunidade em que me fora feita a proposta para eu assumir a Primeira Promotoria e, caso eu aceitasse, de imediato a Procuradoria-Geral de Justiça providenciaria a minha remoção para esta outra Comarca. Não poderia, jamais, dizer não a essa proposta, tendo em vista que os meus interesses particulares concentravam-se mais em Porto Alegre; e Soledade fica praticamente na metade do caminho da Capital a São Luiz Gonzaga.

Então, como minha resposta foi sim, de imediato fui removido, sem ter assumido, de São Luiz Gonzaga para Soledade, RS, Promotoria e Comarca do mesmo nível, da mesma Entrância. Em pouco tempo, providenciei a mudança de Osório para Soledade, para uma casa que aluguei na Rua Maurício Cardoso, naquela cidade.

23 Minha permanência nas duas Promotorias de Soledade

Em Soledade trabalhei muito. Durante um bom tempo fiquei atendendo a Primeira Promotoria, da qual eu era o Promotor titular, acumulando a Segunda Promotoria, até que outro Promotor fosse promovido ou removido, ou designado, e a assumisse. Mas isso não ocorreu durante todo o tempo em que lá permaneci. No entanto, como havia muito serviço acumulado, e legalmente o Promotor estava obrigado a dar preferência aos julgamentos realizados pelo Tribunal do Júri, para me auxiliar foi designada pela Procuradoria-Geral de Justiça, a Promotora de Justiça Dra. Maria Ignez da Costa Franco, recentemente concursada e nomeada. Mais tarde, com o casamento, passou a se chamar Maria Ignez Franco Santos.

24 Atividades da então Promotora, hoje em final de carreira como Procuradora de Justiça, Dra. Maria Ignez da Costa Franco Santos

Apesar da sua juventude, sem experiência ainda no trabalho de uma Promotoria bastante movimentada, como era em Soledade, a Dra. Maria Ignez desempenhou aquele árduo trabalho com inteligência e muita eficiência, o que para mim foi um presente, porque aquela Segunda Promotoria, que a Dra. Maria Ignez assumiu como Promotora designada, funcionou muito bem, o que foi uma grande preocupação a menos, que passei a ter. Logo a Dra. Maria Ignez, pessoa extremamente responsável e dedicada ao trabalho, colocou em dia o serviço daquela Promotoria, ao mesmo tempo em que adquiriu experiência para desempenhar os seus misteres em quaisquer outras Promotorias de outras Comarcas. Situação que me deixou muito satisfeito, até porque se tratava de uma colega cujo pai, Dr. Sérgio da Costa Franco, bem antes, fora Promotor naquela mesma Comarca. Era também pessoa bastante inteligente e culta; há pouco falaceu em Porto Alegre, deixando muitas obras publicadas em várias áreas; destacou-se, não só no Ministério Público como Promotor e como Procurador de Justiça, último degrau da carreira, mas também como Historiador e Jornalista.

Aliás, há pouco, final do mês de setembro de 2023, em homenagem ao Dr. Sérgio da Costa Franco, por tudo o que fez, e foi muito, pelo Ministério Público gaúcho, a nossa Associação do Ministério Público, sediada em Porto Alegre, RS, teve a feliz iniciativa, por seu Presidente, o Promotor de Justiça Dr. João Ricardo dos Santos, de prestar a merecida homenagem ao colocar o nome de Dr. Sérgio da Costa Franco no Memorial da Associação do Ministério Público, eternizando, assim, o seu nome, que sempre foi muito respeitado e querido pela classe e pelo público em geral. A filha, Dra. Maria Inez da Costa Franco, agora também em final de carreira como Procuradora de Justiça, ficou responsável pelo Memorial Dr. Sérgio da Costa Franco, em uma das dependências da Sede Administrativa da Associação do Ministério Público, na Rua Aureliano Pinto, 501, Porto Alegre, RS.

Hoje, como Promotora de Justiça bastante atuante, temos numa das Promotorias que funciona numa das cidades da Grande Porto Alegre, a Dra. Isabel, filha da Dra. Ignez da Costa Franco Santos e neta do Dr. Sérgio da Costa Franco, que, pelo que sei, por ciência própria, é o orgulho da família e, também, do próprio Ministério Público gaúcho, no qual me incluo como um dos seus membros.

25 Meu último júri em Soledade

Então, em Soledade fiz vários júris e muita gente foi condenada. O último réu foi condenado a vinte e três anos de prisão por ter cometido o crime de homicídio contra uma moça que ele namorou por alguns tempos. Depois ela o abandonou. Ela era uma pessoa bastante humilde, vinda do interior de outro município, próximo de Soledade, para trabalhar de doméstica na casa de uma Professora da cidade, que também tinha um Salão de Beleza, com quem essa moça também aprendera o ofício de Manicure, e passou a trabalhar no mesmo Salão. Ele, com quem ela namorou, era uma pessoa bastante experiente no trato com mulher; tinha alguns filhos de mulheres diferentes, e tinha muito mais idade do que ela. Induzida por amigas que não viam futuro naquele relacionamento, a aconselharam a abandoná-lo e encontrar alguém responsável, que futuramente viesse a ampará-la. E assim ela fez, mas diante desse abandono, que ele não aceitou, passou a persegui-la e a ameaçá-la. Até que certo dia, à noitinha, depois de muita insistência, ele conseguiu marcar um encontro com ela, próximo à casa de sua patroa. De repente, ele foi visto por alguém, embeber um lenço com um líquido (que mais tarde se descobriu tratar-se de éter) e colocar no nariz dela até sufocá-la; uma vez desmaiada, ele, com a ajuda de um possível amigo, a colocou no porta-malas de um carro grande, da marca Ford Galaxie, já desmaiada, estacionou o veículo por alguns minutos, talvez uma hora, não mais, nos fundos do Hospital Beata Gema, onde trabalhava, na casa de máquinas, e logo depois saiu dirigindo o mesmo automóvel para lugar ignorado. Só após 15 dias, aproximadamente, o corpo da moça foi encontrado pela polícia local, junto a galhos de árvores, nas águas do Rio Porongo, próximo à ponte da estrada que liga Soledade a Passo Fundo, já em adiantado estado de decomposição.

Esse crime chocou a todos os moradores de Soledade e de municípios vizinhos; mas graças a um bom trabalho investigativo da Polícia, o crime foi desvendado em pouco mais de 20 dias. Mas uma segunda pessoa que foi vista auxiliando o homicida, colocando a vítima no porta-malas do carro, permaneceu com a identidade ignorada, pelo menos até eu deixar aquela Comarca e assumir, logo depois, uma das Promotorias da Comarca de Novo Hamburgo.

Cumprido todos os passos investigatórios, o réu foi processado regularmente pela primeira Promotoria de Justiça de Soledade, da qual eu era o titular. Terminadas todas as fases do devido processo legal, ele foi pronunciado pelo Dr. Jasson Ayres Torres, então Juiz de Direito titular da primeira Vara da Comarca de Soledade, e levado a julgamento pelo Tribunal do Júri. Foi condenado a 23 anos de prisão por homicídio qualificado e ocultação de cadáver.

26 Último júri da carreira e minha remoção para Novo Hamburgo, RS

Fiz mais aquele júri, o último, não só em Soledade; mas o último em toda minha carreira de Promotor, pois poucos meses depois, fui removido, a pedido, para uma das Promotorias da Comarca de Novo Hamburgo, RS, da mesma Entrância, e passei a trabalhar exclusivamente na Terceira Promotoria Cível. Nesta Promotoria, desempenhei minhas atividades até o ano de 1985, quando fui promovido para uma das Promotorias da Comarca de Porto Alegre, de Quarta e final Entrância.

Novo Hamburgo, para onde nos mudamos, eu, a Alice e as duas filhas, Laura e Adriana, era ainda uma cidade bastante tranquila para se morar; não se ouvia falar de violência na época, ou seja, de 1983 a 1985. A Laura e Adriana passeavam sozinhas de bicicleta por toda a cidade. Não havia qualquer preocupação em questão de segurança; às vezes até a pé iam para o colégio onde estudavam, sem nos causar qualquer preocupação nesse sentido.

27 Convite para lecionar na Faculdade de Direito da UNISINOS

Quando eu estava residindo e trabalhando em Novo Hamburgo, RS, entre 1983 e 1984, fui convidado para lecionar na Faculdade de Direito da Universidade do Vale do Rio dos Sinos, em São Leopoldo, RS, cidade limítrofe com Novo Hamburgo; a distância de uma cidade à outra é em torno de 10 km. Eu nunca havia lecionado em minha vida, mas como era para lecionar na área do Direito, na área jurídica, eu não tive dúvida em aceitar o convite e já começar a me preparar, seguindo o programa da disciplina que me tinham destinado. Era para lecionar uma disciplina de Direito Civil no início do Curso, à noite. Desempenhei a tarefa que me fora confiada, muito bem, acredito. Mas depois de aproximadamente um ano e meio lecionando, na condição de contratado emergencial, a Faculdade abriu concurso para a carreira de Professor, e como eu ainda não era concursado, também tive de me submeter àquele concurso, junto a outros inscritos; para mim, entretanto, as provas me pareceram um tanto fáceis, talvez pela experiência já adquirida naquele período em que lecionei naquele estabelecimento de ensino superior.

28 Um pouco de transtorno em face de minha promoção e a volta à normalidade

Mais à frente, entretanto, as coisas se tornaram um pouco mais difíceis; não no magistério propriamente dito, mas pela distância que passou a ser bem maior, de trinta e cinco quilômetros, aproximadamente. Ocorre que com a mudança para Porto Alegre em função da promoção por merecimento para a Quarta e final Entrância, o meu deslocamento à noite passou a exigir mais tempo e mais atenção no trânsito. Mas não eram todas à noites que teria de me deslocar; apenas duas vezes por semana; uma vez que a aula durava o turno todo das 19h20min às 23h20min, e assim também era nos demais turnos, ou seja, cada aula durava quatro horas.

A dificuldade no deslocamento de Porto Alegre a São Leopoldo, até a UNISINOS, tornara-se muito tranquilo mais à frente; é que, aproveitando o tempo de serviço, uma pequena parcela da atividade privada, e uma grande parte da atividade policial, inclusive licença-prêmio que acumulei, de acordo com a lei, somei tempo suficiente para me aposentar com o salário integral, como era previsto em lei. Mesmo aposentado, agora com mais folga, continuei lecionando na mesma Faculdade as disciplinas de Direito Processual Penal, por bem mais tempo, e de Direito Penal.

29 Magistério que exerci na Escola Superior do Ministério Público e na Escola Superior de Advocacia e palestras que proferi

Alguns tempos depois, residindo novamente com minha família em Porto Alegre, e trabalhando na Promotoria de Justiça junto à Quarta Vara da Fazenda Público, aceitei o convite que me fora feito pelo então Supervisor, Promotor Dr. Claudio Barros Silva, e passei a lecionar, na Escola Superior do Ministério Público, a disciplina de Direito Processual Penal, por alguns anos.

Por algum tempo, também a convite de uma colega Professora da UNISINOS, passei a lecionar na Escola Superior da Advogacia em Porto Alegre, no Curso de Preparação para o Exame da Ordem, ou seja, o exame que até hoje é exigido ao já formado em Ciências Jurídicas – em Direito – para habilitar ao exercício da advocacia.

Na UNISINOS lecionei por 19 anos, quase todo o tempo, cumulativamente com a atividade de Promotor de Justiça, posto que legalmente permitido.

Várias palestras proferi na própria UNISINOS, em eventos que ocorriam frequentemente. Mas a última delas foi na Assembleia Legislativa, RS, a convite da ULBRA – Universidade Luterana do Brasil – de Canoas, RS. O tema desenvolvido da palestra foi sobre lavagem de dinheiro. Eu já havia escrito o livro *Lavagem de Dinheiro: Uma Nova Perspectiva Penal*. O assunto era novo para a época, porque fazia pouco que estava vigorando a lei que disciplinava e ainda disciplina a matéria "lavagem de dinheiro".

30 Cursos que fiz na área do Direito e minha aposentadoria também no magistério

Simultaneamente à atividade de Promotor e de Professor Universitário, fiz alguns cursos de Especialização, e também o Curso de Mestrado em Ciências Criminais, na Pontifícia Universidade Católica do

Rio Grande do Sul – PUCRS; fiz ainda alguns cursos rápidos em outros países, como na Universidade de Coimbra, Portugal; e na Universidade de Lecce, na Itália.

Aos 65 anos de idade, embora ainda sem o tempo de serviço necessário, fui compulsoriamente aposentado como Professor, por determinação constitucional, CF/1988. Mesmo depois de aposentado, se eu quisesse, poderia continuar lecionando; mas depois de refletir um pouco mais, rejeitei o convite, uma vez que eu muito já havia trabalhado e, por isso, já estava na hora de descansar. É que, mesmo depois que me aposentei como integrante do Ministério Público gaúcho, ou seja, como Promotor de Justiça, ainda advoguei por algum tempo, até concluir que não era o que eu queria realmente e, então, parei de exercer essa também nobre atividade.

31 Obras que escrevi, que foram publicadas

Eu escrevi e publiquei vários livros jurídicos, alguns de autoria individual; em outros participei com outros autores; estas são, portanto, obras de autoria coletiva. Em todas essas obras o meu nome consta como Cesar Antonio da Silva, tendo em vista que o acréscimo do sobrenome Coradini, ocorreu judicialmente depois, ou seja, em 2019.

Seguem os nomes das obras jurídicas que escrevi e, posteriormente, publicadas por Editoras Consagradas; como já dito, umas obras individuais, outras coletivas.

Livros de autoria individual, por ordem de publicação:

a) *Ônus e Qualidade da Prova Cível (Inclusive no Código do Consumidor)*, Editora Aide, Rio de Janeiro, RJ.
b) *Doutrina e Prática dos Recursos Criminais*, Editora Aide, Rio de Janeiro, RJ, 2ª edição.
c) *Doutrina dos Recursos Criminais*, Editora Juruá, Curitiba, PR, 4ª edição.
d) *Lavagem de Dinheiro: Uma Nova Perspectiva Penal*, Editora Livraria do Advogado, Porto Alegre, RS.

Minha participação em livros de autoria coletiva:

a) *Crime & Sociedade (A Descriminalização de Tipos de Crimes Sexuais)*, Editora Juruá, Curitiba, PR.
b) *Código de Processo Penal Comentado (Recursos e Ações de Impugnação)*, Editora Livraria do Advogado, Porto Alegre, RS.
c) Ministério Público, Estado de Direito, Justiça e Sociedade Contemporânea, *in Parcialidade do Ministério Público no Processo Penal*, Editora Tirant, São Paulo, SP.

32 O meu sobrenome Coradini

O sobrenome Coradini, foi acrescentado judicialmente ao meu nome em 2019; a minha filha Laura foi a advogada que brilhantemente atuou no processo, para onde carreou farto contexto probatório e fez forte, aprofundada e indiscutível argumentação jurídica. Assim, o meu nome completo hoje é: Cesar Antonio Coradini da Silva. Processo bastante rápido: durou no máximo um mês. E não foi só para homenagear a minha mãe Aurora Coradini, não; é que desde criança sempre gostei desse sobrenome vindo do meu *nonno* Antonio Coradini, e não entendia o motivo pelo qual os seus netos não o usavam. Nos documentos não constava o sobrenome Coradini. Do sobrenome Moretto, vindo da minha *nonna* e, por via de consequência, de minha mãe, também sempre gostei; mas, embora fosse o meu desejo, só não me interessei em incluí-lo judicialmente no meu sobrenome para não ficar muito extenso nos meus documentos e, assim, não ter de usá-lo de forma abreviada.

Então, todos esses anos foram de muito trabalho, de variadas atividades, mas muito, muito gratificante.

Todos os trabalhos, todas as atividades que exerci, inclusive na minha infância, até as minhas aposentadorias, como Promotor de Justiça e como Professor Universitário, foram extremamente gratificantes; assim também como gratificante foi o meu envolvimento como Escritor de livros jurídicos. Sempre foi motivo de muito orgulho. Nunca encontrei obstáculo que me servisse de desculpa para não estudar ou não trabalhar; quando se quer alguma coisa, não há obstáculo que impeça. Como diz o ditado popular, "devagar se vai ao longe". Não devemos deixar que a vida nos conduza, nunca; devemos sempre conduzir a vida que queremos, com pensamento positivo, sem esmorecer. O resultado positivo sempre aparece. Não há causa sem efeito; e este surge, obviamente, sempre depois, seja ele bom ou ruim, dependendo de como foi o seu comportamento na história de sua vida. Sempre devemos olhar pelo retrovisor, analisando e avaliando o passado; vivendo o presente e mapeando o futuro para evitar erros eventualmente já cometidos.

33 Minha viuvez

Em princípio do ano de 1990, Alice, minha esposa, ficou muito doente. Foi vítima de um ataque cardíaco, de um infarto intenso e prolongado. Logo a seguir ela foi internada e tratada no Hospital Mãe de Deus, em Porto Alegre, por aproximadamente um mês, quando teve alta, embora não estivesse totalmente recuperada; mas por indicação médica, como a recuperação seria muito lenta, poderia ser melhor no ambiente familiar, em casa. Mas, depois da alta, um mês praticamente transcorrido, Alice teve um segundo infarto e, novamente hospitalizada, entrou em óbito poucos dias depois de permanecer entubada no CTI daquele hospital, por aproximadamente dez dias.

Minhas filhas e eu, estávamos vivenciando momentos sombrios e sofridos. No dia 5 de março de 1990, ao cair da tarde, com o sol desaparecendo no horizonte e a noite iniciando, nós – eu e as minhas filhas Laura e Adriana, ambas na flor da juventude, estávamos sentados numa área grande da casa onde morávamos, em Petrópolis, Porto Alegre, RS, gozando de uma agradável temperatura naquele horário de fim de tarde, mas ao mesmo tempo, esperando a qualquer momento notícia vinda do hospital sobre o estado de saúde da Alice, a Betica, porque naquele dia o quadro de saúde dela havia piorado. Eu já estava ciente de que dificilmente ela iria passar daquele dia; mas as gurias ainda não. É que quando o médico me passou a notícia eu pedi para não dizer nada a elas, porque eu sabia que iriam entrar em desespero, e eu estava sozinho para acalmá-las no momento em que elas recebessem a notícia sobre o óbito da mãe. Mas elas já estavam um tanto desconfiadas de que a qualquer momento poderia vir do hospital a pior notícia; e eu havia falado que se a mãe piorasse, nós iríamos até o hospital para ficarmos próximos a ela naquele tão difícil e triste momento.

De repente, toca o telefone. Era o médico noticiando o fim da vida da Alice, a nossa tão querida Betica; foi o momento mais difícil que até então havia passado de toda a minha vida; tentei me segurar o máximo que podia para não entrar em desespero total; eu tinha que transmitir a notícia, por mais dolorosa que fosse, às minhas filhas naquele momento; até porque elas ouviram o telefone tocar e notaram que era o médico me passando notícia da mãe e sabiam que não era notícia boa; logo gritaram: – a mãe morreu! Eu respondi que ela estava muito mal e que aquele era o momento de nos dirigirmos ao hospital. E assim fizemos. Elas continuaram em pranto, até chegarmos lá. O médico já estava nos esperando junto à porta do CTI; fez sinal para eu entrar e pediu para elas esperarem um momento do lado de fora, sentadas na sala de espera. Eu pedi para o médico dar a notícia a elas, e assim foi feito de imediato. Nesse momento, ambas desmaiaram, caindo uma para cada lado, junto às poltronas. Prontamente o médico as medicou e quando acordaram ficaram um pouco mais tranquilas; mas continuaram em prantos pela perda da mãe. Eu também fui medicado; caso contrário, poderia entrar em desespero naquele momento tão doloroso, tão cruel. E foi o que me deu um pouco de força para me controlar, cuidar das gurias e passar a tratar dali para frente do funeral, que agora tornara-se realidade e era a prioridade do momento, sem ter quem me auxiliasse – eu estava absolutamente só para tratar de tudo.

Mas acredito que Deus e Nossa Senhora Mãe dos Homens, pela qual sempre nutri plena devoção, redobraram minhas forças; comecei a raciocinar mais claramente, e tudo parece ter se tornado mais fácil e os problemas do momento, que pareciam insolúveis, passaram a ser solucionados com um pouco mais de tranquilidade, e logo depois eu já estava rodeado de amigos me trazendo forças, cujas presenças por si só representaram-me verdadeiro auxílio de caráter psicoemocional, o que é deveras importante para suportar a dor do momento.

O início foi difícil, muito difícil mesmo, para nós, mas como não há dor que sempre dure, o tempo é o melhor remédio para curá-la; conseguimos seguir à frente; com muita fé e pensamento positivo, as coisas foram se ajeitando, e a vida seguiu, embora por muito tempo mutilada, até que se normalizou, dentro de outros padrões familiares.

XXII DESCENDENTES DE CESAR ANTONIO CORADINI DA SILVA E DE ALICE SFAIR DA SILVA

1) **Laura Sfair da Silva,** com o casamento adotou o sobrenome Teixeira, do esposo; é a minha primeira filha, casada com Paulo Teixeira; nascida em Porto Alegre, RS, em 27 de abril de 1970, teve os estudos regulares, em vários estabelecimentos de ensino, com início em Porto Alegre, depois Jaguari, Osório, Soledade, Novo Hamburgo e Porto Alegre, onde terminou o Segundo Grau. A seguir, ingressou na Universidade do Vale do Rio dos Sinos – UNISINOS, em São Leopoldo, RS, mediante exame Vestibular, no Curso de Direito; a mesma Universidade onde eu lecionava e na qual me aposentei, quando Professor.

Laura teve o estudo regular no Curso de Direito e logo depois de formada e aprovada no Exame da Ordem dos Advogados, Seção do Rio Grande do Sul, obteve a Carteira de Advogada e iniciou, de imediato, o trabalho como Advogada, sempre com sucesso na profissão que abraçou e que exerce com muito brilho ainda hoje.

Inicialmente começou a trabalhar no Escritório de Advocacia de um colega, antigo Advogado, e, não demorou muito, tornou-se sócia do Escritório e, logo depois, deixou essa sociedade e passou a trabalhar com outra colega, a Advogada Luciana, num outro escritório, numa sala que ambas alugaram; tempos depois, ambas mudaram o escritório para outra sala, num conjunto muito bonito, um duplex, numa cobertura, na Av. Protásio Alves, em Porto Alegre. Depois de alguns anos, a Laura comprou a parte que Luciana tinha no conjunto e passou a ser a única proprietária do escritório e a trabalhar sozinha como Advogada, e continuou com bastante sucesso na profissão, o que muito me envaidece e me alegra. E qual o pai ou mãe que não se sente envaidecido e alegre com o sucesso de uma filha, que labutou sozinha, enfrentando toda sorte de percalços inerentes à profissão? Sou muito feliz; a minha gratidão por tudo isso, e estou certo de que a Alice (Betica) também se sentiria muito envaidecida com o sucesso da filha, se vivendo ainda estivesse; mas não teve esse privilégio, porque prematuramente deixou o nosso convívio, sem mesmo sequer ver a filha formada no Curso de Direito. Mas assim é a vida... Quando nascemos parece que vamos viver sempre. Começamos a contar para frente os anos de vida sem se dar conta de que cada dia vivido estamos contabilizando menos um dia de nossa existência. Então, vive-se um dia a mais de vida e, ao mesmo tempo, um dia a menos de nossa existência.

Laura teve três filhos, duas meninas e um menino, a seguir relacionados, na ordem por idade:

a) Victória Sfair da Silva Teixeira, nascida em 31/03/1995, formada em Publicidade e Propagada;
b) Ivan Sfair da Silva Teixeira, nascido em 11/07/1998, formado em Direito;
c) Isadora Sfair da Silva Teixeira, nascida em 30/01/2001, formou-se em Direito em janeiro deste ano de 2024.

Todos já bem encaminhados na vida...

a) A **Victória** e o marido, Douglas, são pais da Alícia, minha bisneta, com 7 anos de idade, cujo último aniversário foi no dia 27/04/2023. Menina muito inteligente, esperta e querida. O nascimento de Alícia me deixou muito feliz por ter me tornado bisavô naquele dia; por isso, minha eterna gratidão. Hoje, tenho o orgulho de dizer que sou pai, avô e bisavô; que essa descendência seja cada vez mais profícua ao longo do tempo. E vai ser, sim!

Cedo, a **Victória** formou-se na PUCRS em Publicidade e Propaganda, no primeiro semestre de 2018. É muito inteligente e responsável, quer como mãe, quer como profissional. Sempre executa suas tarefas com inteligência e muita dedicação. Não faz muito, deixou o trabalho que exercia numa imobiliária em Porto Alegre, onde ingressou como Estagiária de corretor, e saiu como Gestora de Vendas (Gerente) nessa mesma área. É bastante ambiciosa em tudo o que faz e, por isso, o progresso na profissão que exerce está no seu DNA. Quando lhe é dada oportunidade de progredir profissionalmente, não perde tempo, vai à luta e alcança logo, logo, muito sucesso; assim como aconteceu na Imobiliária em que trabalhava; em tão pouco tempo, progrediu de estagiária e galgou a gerência de vendas nessa mesma empresa; não demorou muito e já ingressou como Gestora de Vendas noutra Imobiliária de renome em Porto Alegre, cujo sucesso já está se descortinando. E, sem dúvida, isso ocorrerá sem muita delonga; sobrado talento a Victória tem, e assim se tem revelado no cotidiano.

b) O **Ivan**, muito jovem também se formou na Faculdade de Direito da PUCRS. Ao invés de seguir a Advocacia, preferiu a área militar. Logo depois de formado, ingressou na Brigada Militar/RS, na expectativa de sair Capitão, logo, logo. Em tão pouco tempo já chegou a Sargento. Preparo o Ivan tem, assim como talento e o pressuposto principal, que é a formação superior, ou seja, a formação em Direito. Estou certo de que assim que abrir o Concurso na Brigada Militar para Capitão, o meu querido neto Ivan se inscreverá e obterá sucesso nas provas a que se submeterá. Capacidade moral e intelectual não lhe falta.

c) A **Isadora**, minha neta mais jovem, apesar da tenra idade, formou-se também em Direito. No início deste ano de 2024 foi a formatura oficial na PUCRS e depois a festa em que eu tive o prazer de participar. Minha neta querida é muito bonita e inteligente. A advocacia acredito ser a profissão adequada. Ela gosta muito de falar e desde muito pequena já se percebia que tinha argumentos bastante lógicos e com certo fundamento. Eu ficava admirado com tanta desenvoltura, porque ela ainda estava aprendendo a falar e já se notava a coerência no que ela dizia e nas justificativas em tudo o que falava; e procurava dizer as coisas dentro de um pensamento lógico muito interessante para sua idade; tinha uns quatro ou cinco anos, apenas! Durante o Curso de Direito, a Isadora se preocupava em obter alguma prática na profissão; fez, por isso, vários estágios na área jurídica e, por fim, passou a trabalhar com a mãe em seu escritório de advocacia, e lá continuou trabalhando depois de formada. Ela é muito esforçada, dedicada e competente no trabalho; é uma grande ajuda à mãe, inclusive para ir ao fórum, com frequência, examinar processos em andamento e participar de audiências.

2) **Adriana Sfair da Silva Malanga**, minha segunda filha, casada com o Médico Dr. Paulo Malanga, nascida em 27 de janeiro de 1972, no Hospital Ernesto Dornelles, em Porto Alegre, RS. Estudou e se formou em Psicologia na Universidade do Vale do Rio dos Sinos – UNISINOS – no período em que eu lecionava Direito naquela mesma Universidade. No final do curso fez vários estágios e, logo depois de formada, encaminhou-se muito bem na vida profissional e, por si só, por esforço pessoal, sempre desempenhou e desempenha a profissão com muita habilidade, esmero e conhecimento auferidos no curso do tempo. Tem vários cursos de Especialização em diversos ramos da Psicologia, e sempre aprovada com média bastante elevada.

É uma filha bastante ativa. Também sem qualquer ajuda, se fez na profissão. Ela é mãe do Rafael, filho único, meu neto, nascido no Hospital Moinhos de Vento, no dia 31/05/2007, numa noite linda de luar; era uma lua azul, grande, linda, que, dizem, aparece de tantos em tantos anos, e dá muita sorte à pessoa nascida naquele dia que ela se apresenta no céu. É uma lua que se destaca no meio das estrelas, com sua cor azulada, deslumbrando a todos que a avistam planando serena na noite, clareando intensamente o céu e deixando as nuvens com uma cor azulada e preta e branca, formando, assim, verdadeiras manchas coloridas nas alturas, mudando a cada momento de formato, e num piscar de olhos elas se modificam completamente, de maneira que em questão de segundos não se consegue ver o mesmo desenho visto antes. É um verdadeiro espetáculo apresentado pela natureza. São formas de desenhos inigualáveis, admiradas por todos quantos conseguem vislumbrar nos céus. O Rafael é merecedor de aplausos por ter nascido numa noite enluarada tão especial. Boa sorte, Rafael!

Rafael é o meu neto mais novo; diria, querido neto, bastante inteligente, culto e educado. Está prestes a terminar o Ensino Médio. Suas notas são de muito boas a excelentes. Tem desenvolvido textos sobre o cotidiano com objetividade, coerência e profundidade. Nessa idade, com 16 anos, quase 17, tem opinião própria e é capaz de debater assuntos da atualidade com adulto de igual para igual.

Enfim, pode-se afirmar que o Rafael tem caráter bem forjado, bem estruturado, e seus princípios morais são bem definidos, servindo para solidificar e ornamentar sua personalidade. É o orgulho da minha filha Adriana; do meu genro Paulo Malanga e meu.

XXIII AUREA DA SILVA BORGES, APARÍCIO MIGUEL BORGES (ambos *in* óbito) E DESCENDENTES

A) PAIS

Aurea da Silva Borges, nascida no dia 24/04/1942, na localidade de Novo Paraíso, atrás do morro do Meleiro, SC; casada com Aparício Miguel Borges, nascido no dia 17/09/1937, na localidade de Sapiranga, município de Meleiro. Com o casamento, Aurea passou a usar o sobrenome Borges. Ambos já falecidos.

Saíram de Sapiranga, município de Meleiro, SC, onde residiram por algum tempo, depois de casados. Eram pequenos agricultores familiares. Poucos anos depois foram residir e trabalhar na Quarta Linha, município de Criciúma, SC. Enquanto Aparício trabalha de operário em fábricas locais – Cerâmicas, Aurea exercia atividades domésticas, mas ambos cumulavam trabalho agrícola familiar, em menor escala, para auxiliar na manutenção da família, que não era pequena, e cada vez aumentava mais. Ambos eram muito trabalhadores, e o fruto do trabalho lhes propiciou uma vida digna financeiramente. Tiveram vários filhos, e a descendência foi aumentado, com o nascimento também de netos, bisnetos e trinetos.

B) FILHOS

a) Maria Eli Borges Marcílio, nascida no dia 04/03/1960, em Sapiranga, município de Meleiro, SC, casada com Francisco de Assis Marcílio, nascido no dia 02/08/1954, em Criciúma, SC *in* óbito); filhos: Maurício Borges Marcílio, nascido no dia 12/02/1979, em Criciúma; casado com Tatiane Meira Melezario, nascida no dia 14/07/1972, em Criciúma, SC. Filhos: Valetina Melegaro Marcílio, nascida no dia 19/12/2012, em Criciúma; Joaquim Melegaro Marcílio, nascido no dia 24/03/2017; Luiza Melegaro Marcílio, nascida no dia 28/09/2022, na Itália; Henrique Borges Marcílio, nascido no dia 03/12/1985, em Criciúma; Danilo Borges Marcílio, nascido no dia 29/10/1991; Gisele Venson Fenali, nascida no dia 02/06/1981, em Criciúma, SC.

b) Miguel da Silva Borges, nascido no dia 08/08/1961, em Sapiranga, município de Meleiro, SC; casado com Onesia Roque Borges, nascida no dia 02/11/1966, em Criciúma, SC. Filhos: Juliano Roque Borges, nascido no dia 26/10/1984, em Criciúma, SC, casado com Edi Feltrin, nascida no dia 07/06/1984. Filhos: Juliel Bitencourt Borges, nascida no dia 17/12/2005, em Criciúma, SC; Gabriel Feltrin Roque Borges, nascido no dia 02.01.2012, em Criciúma, SC; Miguel Feltrin Roque Borges, nascido no dia 08/04/2014, em Criciúma, SC. Filhos: Bruno Roque Borges e Carolina Roque Borges, nascida no dia 05/01/1987, em Criciúma, SC; filho (netos do Miguel): Juliano Roque Borges, nascido no dia 26/10/1984, em Criciúma, SC, casado com Edi Feltrin, nascida no dia 07/06/1984, em Criciúma, SC. Filho de Miguel e Onesia: Bruno Roque Borges, nascido no dia 25/10/1989, em Criciúma, SC, casado com Cristiani Dagostin Maria Rosa Borges, nascida no dia 11/07/2008, em Criciúma, SC; filha: Eloah Dagostin Borges, nascida no dia 03/03/2018, em Criciúma, SC filha de Miguel e Onesia: Carolina Roque Borges, nascida no dia 05/01/1987.

c) Cleusa da Silva Borges Rosso, nascida no dia 18/01/1963, em Sapiranga, município de Meleiro, SC; casada com Max José Rosso, nascido no dia 09/06/1963, em Nova Veneza, SC. Filhos: Marcio José Borges Rosso, nascido no dia 04/05/1983, em Criciúma, SC. Filhos: Caio Rodrigo Rosso, nascido no dia 12/08/2004, em Criciúma, SC; Luiz Marcelo Borges Rosso, nascido em 30/03/1987, em Criciúma, SC; casado com Francieli da Silva Borges, nascida no 15/02/1996, em Criciúma, SC; filho: Pascoal Rosso Neto, nascido no dia 03/09/1993; Laura Flavia Borges Rosso, nascida em 10/04/1991, em Criciúma, SC, casada com Ricardo Rocha de Freitas, nascido no dia 14/10/1988, em Criciúma, SC; Bianca Querino, nascida no dia 15//11/1995, em Criciúma, SC; filho (bisneta Aurea): Matias Rosso, nascido no dia 05/05/2001, em Criciúma, SC.

d) Antonio da Silva Borges, nascido no dia 08/11/1966, em Sapiranga, município de Meleiro, SC; casado com Maria Rocha, nascida no dia 10/12/1974, em Criciúma, SC. Filhos: João da Rocha Borges, nascido no dia 10/05/2011, em Criciúma, SC; Helena da Rocha Borges, nascida em 17/06/2013, em Criciúma, SC; Manuela Rosso Borges, nascida no dia 04/01/2005, em Criciúma, SC; Kristian Rosso Borges, nascido em 18/10/1990, nascido em Criciúma, SC.

e) Eliete da Silva Borges Campos, nascida no dia 19/08/1969, em Sapiranga, município de Meleiro, SC, casada com Paulo Silvio Santos, nascido no dia 02/06/1964, em Criciúma, SC. Filhos: Sílvio Luiz Borges Campos, falecido em 08/09/1984; Paula Patrício Daros, nascido no dia 07/06/1985, em Criciúma, SC, casada com Diego Borges Campos, nascido no dia 10/02/1991, em Criciúma, SC; Fabiano dos Santos Vargas.

f) Luiz dos Passos Borges, nascido no dia 07/08/1972, na Quarta Linha, município de Criciúma, SC, casado com Regiane da Silva Idalencio, nascida no dia 26/04/1979, em Criciúma, SC; Gabriela Guizzo Borges, nascida em 15/06/1996, em Criciúma.

g) Cristina da Silva Borges Vargas, nascida no dia 23/02/1979, na Quarta Linha, município de Criciúma, SC, casada com Fabiano dos Santos Vargas, nascido no dia 01/12/1979, em Criciúma, SC. Filho: Pedro Borges Vargas, nascido no dia 03/10/2008, em Criciúma, SC.

XXVI DARCI DA SILVA, MARLENE DA SILVA E DESCENDENTES

A) PAIS

Darci da Silva, nasceu no dia 02/09/1945, na localidade de Novo Paraíso, atrás do morro de Meleiro, SC, como era conhecida; casado com Marlene Oliveira da Silva, nascida no dia 02/02/1950, em Criciúma, SC. Darci também deu uma boa parcela de contribuição ao setor agrícola; inicialmente na localidade de Barra do Rio Manoel Alves e depois em Criciúma, juntamente com a esposa e parte dos filhos.

B) FILHOS

a) Patrick Oliveira da Silva, nasceu no município de Criciúma, no dia 24/05/1974, formado em Administração de Marketing pela Faculdade Educacional de Ponta Grossa, PR; casado com Ocleia da Silva, nascida no município de Criciúma, no dia 08/04/1973. Filhos do casal: Saymon da Silva, nascido em 02/05/1997, formado em Sistemas de Informação, casado com Érica Barbosa da Silva, nascida em 14/09/1999, formada em Contabilidade, ambos na SUCRI – Escola Superior de Criciúma Ltda.; Laysa Gabriela da Silva Daleffe Barbosa, nascida no dia 04/10/2001, casada com João Luiz Daleffe Barbosa, nascido a 29/04/1999.

b) Melissa Oliveira da Silva dos Santos, nascida no dia 11/11/1977, em Criciúma. Filha: Hauany da Silva dos Santos, nascida no dia 18/10/2000.

c) Russel Oliveira da Silva, nascido no dia 05/11/1983, em Criciúma, é integrante da Polícia Militar de Santa Catarina; casado com Jaqueline de Oliveira da Luz da Silva, nascida no dia 05/01/1983, em Criciúma, SC. Filha: Lauren Vitória da Silva, nascida no dia 26/09/2019, em Criciúma, SC.

XIV JOACIR DA SILVA, DILZA PINTO DA SILVA (*in* óbito) e DESCENDENTES

A) PAIS

Joacir da Silva (tratado por Tita entre os familiares, amigos e outras pessoas mais íntimas); nascido no dia 21/08/1947, na localidade de Novo Paraíso, atrás do morro do município de Meleiro, SC; casado com Dilza Pinto da Silva, nascida no dia 08/03/1950 e falecida no dia 20/07/2015.

B) FILHAS

Filhas: a) Gislaine Pinto da Silva Scheffer, nascida no dia 04/09/1974, casada com Alex Sandro Aparecido Scheffer, nascido no dia 24/09/1979. Filho: Guilherme da Silva Ferreira, nascido no dia 30/12/1997 (pai: Lindomar Ferreira, *in* óbito); b) Juliana Pinto da Silva Fortunato, nascida no dia 04/11/1978, em Criciúma, SC, casada com Alexandre Fortunato, nascido no dia 07/07/1974, em Criciúma, SC. Filha: Laura da Silva Fortunato, nascida no dia 13/07/1999.

XXV LORENA DA SILVA E DESCENDENTES

A) PAIS

Lorena da Silva, nascida no dia 17/06/1953, na localidade de Barra do Rio Manoel Alves, Município de Meleiro, SC. Foi casada com Valdomiro Severino, nascido no dia 02/12/1957, em Porto Alegre, RS; estão divorciados. Mudou-se com os pais e irmãos para a localidade de Manuel Alves, depois para Sapiranga, Meleiro, SC. Mais tarde mudou-se para a Quarta Linha, Criciúma, SC. Quando solteira morou uns tempos comigo, Alice e filhas, em Porto Alegre, RS. Atualmente está aposentada.

B) FILHO

Cleber da Silva Severino, nascido no dia 13/11/1980, em Araranguá, SC, casado com Fernanda Mateus da Rosa Severino, nascida no dia 08/07/1980. em Tubarão, SC. Filhas: Susana da Rosa Severino, nascida no dia 04/08/2006, em Criciúma, SC; Caroliny da Rosa Severino, nascida no dia 08/09/2010, em Criciúma, SC. Caroliny gosta muito da atividade escolar, é uma menina estudiosa, de bons princípios morais; e pelo caráter que já revela, ainda em formação, pela tenra idade, pode-se aferir que no correr do tempo, vai desenvolver uma conduta sempre dirigida à prática do bem, afastando-se de qualquer mal, que alguém, até mesmo por ciúme ou inveja, queira lhe impingir. Pelo conhecimento que ela já demonstra, apesar da pouca idade, vai saber trilhar o caminho do bem com muita sabedoria. E é este o caminho que todas as pessoas deveriam seguir em toda sua vida; porém, sabe-se que não é essa a realidade.

XXVI CELSO DA SILVA, TERESINHA VIEIRA MARTINS E DESCENDENTES

A) PAIS

Celso da Silva (tratado por Zezo entre os irmãos, parentes mais próximos, com poucas exceções, e amigos); nascido no dia 28/07/1950, na localidade de Barra do Rio Manoel Alves, no município de Meleiro, SC. Ainda muito jovem, foi morar em Sombrio, SC, com nossos pais e, depois, foi morar em Cachoeirinha, RS, de onde saiu por algum tempo, trabalhando, inclusive, em São Borja, RS, retornando, depois a Cachoeirinha, onde se casou com a Loiva Flor da Silva; mas se divorciaram poucos tempos depois. Mais tarde Celso casou-se com Terezinha Vieira Martins, nascida no dia 16/04/1960, em Sombrio, SC.

B) FILHOS

a) Gabriela Flor da Silva, nascida no dia 10/09/1977, em Cachoeirinha, RS; casada com José Leomar Dutra da Silva, nascido no dia 24/06/1971 e falecido no dia 03/09/2010. Gabriela é filha de Celso, que se casou com Loiva Flor da Silva, a primeira esposa.

b) Geane Martins da Silva de Azevedo, nascida no dia 20/12/1985, em Porto Alegre, RS. Geane é formada em Letras e Direito. Letras: Português e Inglês. É também pós-graduada em Gestão Pública, todos os cursos pela Universidade do Vale do Rio dos Sinos – UNISINOS. É casada com Guilherme de Azevedo, Doutor em Direito pela UNISINOS. É filha de Celso e Teresinha.

c) Celso da Silva Filho, nascido no dia 21/11/1990, em Cachoeirinha, RS; é formado em Análise e Desenvolvimento de Sistemas pela Universidade do Vale do Rio dos Sinos. Esposa: Elaine Martins, natural de São Paulo; formada em Marketing; pós-graduada em Gestão de Pessoas. Filha do casal: Giovana da Silva Martins, nascida no dia 14/04/2023, em Porto Alegre, RS.

XXVII CLEUSA DA SILVA E DESCENDENTE

A) PAIS

Cleusa da Silva, nascida no dia 06/10/1956, na localidade de Barra do Rio Manoel Alves, município de Meleiro, SC. Depois mudou-se para Sapiranga, Meleiro, SC, com os pais e alguns irmãos; ainda bem jovem, morou comigo e Alice, minha esposa, e as minhas filhas Laura e Adriana, em Porto Alegre, RS; Jaguari, RS; Osório, RS; Soledade, RS; Novo Hamburgo, RS; retornou, depois, para Sapiranga, município de Meleiro, RS. Mais tarde, Cleusa foi com a outra nossa irmã, Lorena, residir na Quarta Linha, município de Criciúma, SC; casou com Ademar da Silva, nascido no dia 23/03/1962, na Quarta Linha, Criciúma, SC, falecido no dia 11/12/2007.

B) FILHO

Tiago da Silva, nascido no dia 02/03/1993, na localidade de Quarta Linha, município de Criciúma, SC. Depois do falecimento de Ademar, Cleusa foi residir com o filho, no centro de Criciúma, SC; e lá continua residindo. Mesmo aposentada, continua trabalhando para levar uma vida mais digna, uma vez que o salário que percebe da aposentadoria é insuficiente para levar uma vida menos difícil.

XXVII ARINO BENTO DA SILVA, GIUSEPINA CORADINI E DESCENDENTES

A) PAIS

Arino Bento da Silva, nascido no dia 10/08/1914, na localidade de Jundiá, Turvo, SC; falecido no dia 07/04/2001, casado com Giusepina da Silva Coradini, nascida no dia 27/09/1920; falecida no dia 03/07/1997.

Não fosse a peculiaridade da situação, até poderia passar sem nenhum registro ou comentário mais detalhado. Todavia, são duas famílias que se destacam dentre as demais, porque são dois irmãos casados com duas irmãs, que geraram muitos descendentes ao longo dos anos, que se encontram espalhados por vários países.

Sem uma pesquisa mais aprofundada e detalhada, difícil se tornaria saber quem é quem no seio de uma e de outra família.

Antonio Bento da Silva, meu pai, e Arino Bento da Silva, meu tio, são irmãos; Aurora Coradini da Silva, minha mãe, e Giusepina Coradini da Silva, minha tia, são irmãs.

Antonio Bento da Silva e seu irmão, Arino Bento da Silva, nasceram na localidade de Jundiá, município de Turvo, SC. Na época, Turvo era distrito de Araranguá, SC; posteriormente foi emancipado, passando, então, à condição de município.

B) FILHOS E DESCENDENTES

a) Lourival, nascido em 1937, *in* óbito, ainda criança; Olívia, casada com Antonio Agostinho, ambos *in* óbito. Filhos: Paulo Roberto Agostinho, nascido no dia 09/05/1961, casado com Iolando Casagrande. Filhos: Lucas e Tânia Regina Agostinho, nascida no dia 29/12/1963, divorciada, com dois filhos: Juliano e Cíntia; Raquel Agostinho, nascida em 05/09/1965, casada com Vilmar Savio. Filhos: Bruna e Armanda; Rosimeri Agostinho, nascida no dia 24/01/1967, divorciada, com três filhos: Cristiani, casada, com duas filhas: Kauane e Isabela; Israel, divorciado com um filho; e Zenilda, casada.

b) Eralda, nascida no dia 11/06/1941, viúva. Filho: Patrick Arino Wilhelm, nascido no dia 18/08/1969, casado com Michaela. Filha: Lena, residem na Alemanha. Segundo casamento da Eralda foi com Rudi Dorfler.

c) Nelci, nascida no dia 14/11/1943, casada com Odilon Sebastião Gomes. Filhos: Orivaldo Gomes, nascido no dia 21/08/1965, este, casado com Aleteia, nascimento. Filha: Gabriella, residem em Umuarama; Isabel Cristina Gomes, nascida no dia 14/08/1967, casada com Roberto dos Santos. Filhos: Sayani (divorciada), com os filhos: Cecília, Joaquim e Vicente; Alexandro e Renan; Nilton Cesar Gomes, nascido no dia 03/06/1969, divorciado, com uma filha, Maria Elisa, uma adotada, Mariana Raquel Gomes, nascida no dia 18/01/1971, casada com Adriano Casagrande; tem um filho: Vinícius. Adriana Gomes, casada com Flávio, uma filha: Luisa Fernanda Gomes, nascida no dia 24/04/1977, casada com André Bali, duas filhas: Julia e Emma, moram no Reino Unido.

d) Darci, nascido no dia 14/11/1943, *in* óbito.

e) Antonio Elito, nascido no dia 14/09/1946, casado com Amair Manente. Filha: Patrícia, nascida no dia 18/01/1976, casada com Sandro Rabello. Filhos: Antonio e Arthur.

f) Maria Italita, nascida no dia 14/09/1946, viúva. Filho: Paulo Cesar, nascido no dia 03/03/1981, divorciado. Filhos: Nicolas e Isadora.
g) Osni, nascido no dia 05/12/1948, *in* óbito, casado com Zenite Rocha, *in* óbito. Filhos: Fernando, nascido no dia 10/07/1980, casado com Rachel. Filhas: Olívia e Amália, residem em Boston, Estados Unidos.
h) Michele, nascida no dia 08/04/1985, casada com Cleidson. Filhos: Luca e Nívea, residem na Flórida, Estados Unidos.
i) Enio, nascido no dia 01/04/1951, casado com Ilsa. Filhos: Malcon, nascido no dia 28/07/1978. Filhos: Vanessa, nascida no dia 15/05/1982, casada com Edson. Filho: Charles.
j) Nilton, *in* óbito.
k) Maria de Fátima, nascida no dia 14/06/1957, viúva.
l) João Batista, nascido no dia 14/06/1957, casado com Iraci Mateus. Filhas: Gloria, nascida no dia 15/08/1978, divorciada. Filha: Giovana, nascida no dia 15/08/1978; Caroline, casada. Filho: Bruno.
m) Cacilda, nascida no dia 27/07/1960, casada com Rossano Rosa. Filho: Jorge Alberto da Silva, nascido no dia 02/04/1985, reside na Itália.
n) Maria Aparecida, nascida no dia 26/02/1963. Filho: Igor, nascido no dia 12/03/1994. Filhos: Marc e Manoel Berkembrock.

Obs.: a nominata acima foi transcrita, conforme recebi, gentilmente encaminhada pela Cacilda, minha querida prima.

XXVIII DAVID CORADINI, ADEMI PINGUELO E DESCENDENTES

A) PAIS

David Coradini e Ademi Pinguello casaram-se entre si no dia 22 de setembro de 1934. Nessa data ele contava com 30 anos de idade, e ela com 31 anos, o que leva a se concluir que ele nasceu no ano de 1904 e ela em 1903. Não se dispõe de outros elementos mais consistentes para que se possa aferir a idade mais precisa de ambos.

B) FILHOS E DESCENDENTES

  a) Dorina Coradini; pelo que sei, ela nunca se casou e parece que não teve filho também. É falecida.
  b) Gentil Coradini, casado com Cremes Américo, cujo casamento foi realizado no dia 16/08/1964, na Paróquia Nossa Senhora da Glória, em Criciúma, SC. O curioso é que na certidão de casamento de ambos o nome da mãe de Gentil consta como sendo Ademeia, nome, aliás, pelo qual todos que a conheciam na época, inclusive os parentes. E era assim que eu também conheci a tia Ademeia; tratávamos, porém, por tia Demeia, cunhada da minha mãe, tendo vista que era casada com o irmão dela, o tio David.

Ainda jovem, ele, o tio David, foi encontrado morto, enforcado, pendurado numa árvore, nuns matos, nas terras de propriedade da família, na localidade de Rio Jundiá, época em que eu me lembro muito bem, embora criança com aproximadamente 8 ou 9 anos de idade. E os três filhos que deixou eram bem jovens ainda; a mais velha, a Dorina, deveria ter uns 13 anos, e os demais, o Gentil e a Maria, uns 10 e 8 anos de idade, por aí, respectivamente.

Na certidão de casamento dos pais do Gentil, ou seja, de meus tios David e Ademeia, consta o nome dela como Ademi. Por faltarem outros elementos, não se sabe qual é o nome correto, se Ademi ou Ademeia.

Aos 75 anos faleceu Gentil, conhecido por Tili, e era como todos, ou quase todos, o tratavam; deixou os seguintes filhos: Nilza Coradini (falecida aos 33 anos); Sérgio Pinguello Coradini, com 49 anos; e Cristine Pinguello Coradini, com 42 anos.

Pelo que consta, os descendentes de Gentil são todos Coradini; assim também o são os filhos da Maria e, sendo assim, não se pode descartar a possibilidade de ainda haver expansão dessa linhagem naquela região, e o sobrenome Coradini não correr mais o risco de cair por completo no esquecimento, desaparecer.

   c) Maria Coradini, filha mais nova do tio David, falecida aos 80 anos, deixou os filhos: Adilson Coradini Domingos, falecido aos 59 anos; Adair Coradini Domingos, com 57 anos; Angela Maria Coradini, com 49 anos; e Emerson Coradini Domingos, com 47 anos.

XXIX ALGUNS COMENTÁRIOS SOBRE AS IRMÃS E OS IRMÃOS DE MINHA MÃE

A tia Adélia não consta com esse nome nas relações (duas) dos irmãos e irmãs de minha mãe. Nunca se questionou acerca desse nome, ou seja, se era Adélia mesmo o nome próprio dela, ou se era apelido. Também não havia o porquê de questionamento nesse sentido! Aliás, somente durante esta pesquisa é que descobri que não consta esse nome como irmã da minha mãe. Talvez ela não gostasse do nome próprio e, por isso, nunca o revelou, preferindo permanecer conhecida com o nome Adélia, apelido, possivelmente, que fora dado quando pequena, pelos familiares.

Na primeira nominata dos filhos de meus *nonnos* maternos constam os nomes *Ultéria* e *Anna*, que para mim soaram um tanto estranhos; até porque eu nunca escutei familiares de minha mãe, ou qualquer outra pessoa, a elas fazer qualquer referência. Mas é real porque os nomes *Ultéria* e *Anna*, constam da declaração de filhos que os meus *nonnos* Antonio Coradini e Carolina Moretto fizeram por ocasião do registro do casamento civil deles, e cuja certidão que obtive junto ao Cartório de Registro Civil das Pessoas Naturais do município de Pedras Grandes, SC, está em meu poder. É uma prova documental incontestável.

Os nomes Ulteria e Anna, irmãs de minha mãe, só fiquei sabendo quando obtive a certidão de casamento de meus *nonnos*. É estranho, porque excetuando esses dois nomes, de que eu nunca tomei conhecimento – Ulteria e Anna – e mais o nome Maximiliano sobre o qual minha mãe se referia com frequência, todos os demais nomes constantes das duas relações, ou seja, daquela que consta da certidão de casamento civil dos meus *nonnos* maternos, e da outra que consegui, referente às filhas nascidas após o casamento civil, eu conheci.

Com a tia Adélia eu mantive vários contatos quando eu era criança e morava com os meus pais; assim como contato com ela mantive também, quando eu já era adulto e passei a morar em Porto Alegre. É que ela, ainda jovem, saiu da casa dos pais quando moravam na localidade de Jundiá, município de Turvo, SC, e foi morar com a tia Elena, em Porto Alegre. Mas como depois de algum tempo, como já salientado, a tia Elena perdeu o marido Antonio Coelho e, logo depois, o filho Maurício Coradini Coelho, ambos, coincidentemente, em acidente de bonde, na própria empresa onde trabalhavam – na Carris Porto Alegrense –, que na época funcionava na Av. João Pessoa, em frente ao Parque Farroupilha, conhecido como a Redenção, em Porto Alegre; em função desses inesperados acontecimentos, ela, a tia Elena, teve um grave trauma psicológico, que resultou em transtorno mental; ou seja, transtorno de estresse pós-traumático, que foi se agravando, tendo, por isso, de ser internada no Hospital São Pedro (hospital de doentes mentais) e, a partir daí, nunca mais teve uma vida saudável, uma vida normal – melhorava por uns tempos tinha alta, mas de repente piorava e tinha de ser internada novamente no mesmo hospital. Havia em Porto Alegre duas famílias, muito amigas da tia Elena, que tinham com ela um certo cuidado, inclusive às vezes a acolhiam em suas casas; e assim viveu a tia Elena pelo resto da vida.

E a tia Adélia, que morou por alguns tempos com ela, teve de abandoná-la, porque chegava um certo momento em que a convivência com a tia Elena tornava-se absolutamente impossível. É que ela ficava gritando alto por horas a fio, dizendo palavrões e xingando quem estivesse com ela, por mais apreço que ela tivesse por essa pessoa; inclusive a tocava para fora de casa, altas horas da noite, sem qualquer motivo, sem que a pessoa tivesse para onde ir.

E eu sei de tudo isso porque também vivenciei essa triste realidade. Quando a tia Elena chegava a esse ponto, quando ela surtava, isto é, quando era acometida desse surto psicótico, não havia quem a segurasse e acalmasse. Se quem estivesse junto dela e não saísse quando ela colocava porta a fora, ela chamava a polícia, e de repente lá chegava a "Radio Patrulha" – uma viatura à época controlada pela Guarda Civil em Porto Alegre, que atendia os chamados para atender ocorrências –, e levava todo mundo junto, inclusive ela, a tia Elena.

A convivência com ela era impossível quando ela era atacada por esses surtos impiedosos, que a levavam à verdadeira loucura. O estranho é que logo que ela melhorava, tornava-se lúcida, ficava uma mulher calma, uma pessoa muito agradável, afetuosa e querida.

Eu nunca comentei com a tia Adélia sobre o motivo pelo qual ela se afastou da convivência que teve com a tia Elena; até porque ela também nunca tocou nesse assunto; mas era por demais óbvio que o motivo era o mesmo que também me levou ao afastamento absoluto do convívio com ela.

Mais tarde fiquei sabendo que um daqueles casais amigos a levou para morar com ele. Depois nunca mais fiquei sabendo nada a seu respeito, nem mesmo a respeito da casa de propriedade dela. Por certo o casal que a acolheu, vendeu aquela propriedade. Eu nunca fiquei sabendo, eu nunca tive qualquer notícia, mas a tia Elena já é falecida. Sim, é que ela não poderia estar mais viva, porque se estivesse, contaria com mais de 130 anos de idade; e não se tem notícia de alguém que tenha chegado a essa idade no Brasil. Que Deus derrame a bênção sobre ela e ilumine a sua alma para sempre.

A tia Adélia era uma pessoa querida, muito bondosa e afável; era solteira, mas durante um período teve um namorado, que eu conheci; depois fiquei sabendo que se separaram.

Eu me encontrei com ela mais umas vezes, quando estava vivendo sozinha; mas como eu era bem jovem, tinha os meus afazeres e mudava de endereço com certa frequência (morava em quarto alugado), perdi o contato com ela, depois de um certo tempo, porque ela também mudou de endereço; e eu nunca mais a encontrei. Pela idade que hoje teria, bem mais de 100 anos, concluo que a muito querida tia Adélia hoje é falecida; que Deus ilumine a sua alma e dê o conforto eterno.

Sobre as demais irmãs e irmãos de minha mãe, meus comentários são um tanto restritos; mas com muita fidelidade acerca dos fatos, tendo em vista que meus conhecimentos foram adquiridos de ciência própria

Sobre a tia Elena Coradini, a primeira filha do casal Antonio Coradini e Carolina Moretto, os meus *nonnos*, fiz alguns comentários; assim como também fiz de outro irmão, o tio David, e de algumas outras irmãs. Sobre o tio Maximiliano Coradini, o segundo filho do casal e primeiro homem da família dos meus *nonnos* maternos, pouco comentei. Aliás, sobre a vida dele muito pouco sei. Mas o que sei, vou revelar.

O tio Maximiliano Coradini, contava minha mãe que bem cedo ele saiu da casa dos pais, com destino a Caxias do Sul, RS. Pelos fragmentos de minha memória, que ainda me restam sobre esse fato, parece-me que minha mãe fazia referência a outro irmão dela que teria se aventurado junto com o tio Maximiliano, que teria ido também para Caxias. Mas talvez esse fato pode ter ocorrido com relação a outro irmão dela; ou pode ter sido fruto de minha imaginação – acredito que não –, mas pode esse outro irmão ter sido, então, o tio David, o outro irmão da mãe, que teria ido junto e depois retornado; porque outro irmão homem da minha mãe que eu conheço é tão somente o tio Atílio, que era uma pessoa doente – para hoje, seria epilepsia –, porque, embora pequeno, eu me lembro que ele tinha uns desmaios, caía onde estivesse e em pouco tempo se levantava, aparentemente recuperado, bem, como se não tivesse acontecido nada.

O tio Atílio morreu jovem, embora adulto, talvez com uns 22, no máximo, 25 ou 26 anos de idade. Este, então, não poderia ter sido o irmão que acompanhou o tio Maximiliano a Caxias do Sul, ou qualquer outro lugar, posto que a saúde não permitia que fato dessa natureza pudesse acontecer.

O tio Maximiliano, segundo minha mãe, nunca mandou qualquer notícia; desapareceu simplesmente. Por isso nunca se teve certeza de que ele tenha ido mesmo para Caxias do Sul, conforme informou aos familiares quando saiu de casa. Pode ter ido para outro lugar, por que não?

Pode ter sido o tio David, que acompanhou o tio Maximiliano, e depois retornou? Pode; até porque a diferença de idade entre ambos é de um ano, apenas; mas eu nada posso afirmar, porque certeza eu não tenho; eu era muito criança ainda; tanto é que eu tenho conhecimento desse acontecimento por informação da minha mãe, também quando eu era ainda muito criança, mas de forma um tanto fragmentada.

Tia Anna, o curioso é que eu não me lembro dessa minha tia, e não me lembro também de minha mãe ter falado a respeito dela alguma vez. Mas é, sim, irmã da mãe, porque consta da declaração de filhos, que meus *nonnos* fizeram por ocasião do registro do casamento civil. Naquela data, ou seja, no dia 30 do mês de junho de 1917, a tia Anna contava com 9 anos, e a minha mãe com 2 anos de idade; a diferença entre ambas era, portanto, de 7 anos. A tia Ulteria é outra irmã de que nunca ouvi falar, mas também consta daquela mesma certidão de casamento de meus *nonnos*; é, portanto, irmã de minha mãe.

Então, como nada sei sobre elas, não me resta nada a comentar a respeito da vida particular de ambas. Mas por vezes eu fico um pouco intrigado. Será que não seria ela a tia Adélia? Pode ser, por que não? Pode ser a tia Anna ou a tia Ultéria, que seja a própria tia Adélia, e que pode ser este nome, Adélia, um mero apelido. O que consta na realidade é que todas constam como sendo filhas de meus *nonnos* e irmãs de minha mãe. Não sei, mas há um mistério aí nesses três nomes, isto é: Adélia, Anna e Ultéria...

A tia Maria, com uma diferença de 5 anos, para mais, da idade da minha mãe, são irmãs e tiveram uma certa convivência; mas não muita; é que a minha mãe, com a família, morava no interior de Meleiro e a tia Maria e família moravam na cidade, na sede do mesmo município.

Em 30 de junho de 1917 a tia Maria, irmã da minha mãe, contava com 7 anos de idade. É casada com o tio Bernardino Geremias, ambos com vários filhos; mas não posso afirmar com absoluta certeza muita coisa sobre eles, porque, apesar de eu ter solicitado a familiares, por mais de uma vez, com bastante antecedência, os dados a acerca de todos os descendentes a partir do casal, não me foram fornecidos. Tão somente agora, no apagar das luzes, com este trabalho já finalizado, é que recebi os nomes dos filhos do casal, por intermédio de outro sobrinho, o Renato Mota, que reside em Meleiro, ao atender gentilmente o meu pedido. Mas sei que não foi por má-fé que os dados não me foram fornecidos; mas também não posso afirmar qual teria sido um outro motivo...

Mas pelo que eu pouco sei, a tia Maria e o tio Bernardino, tiveram vários filhos. O que somente agora os nomes me foram enviados por áudio; mesmo assim, uma relação um tanto incompleta; não traz nem mesmo o sobrenome de todos, nem data de nascimento e nem os nomes e demais dados dos descendentes de cada filho do casal.

Mas, mesmo assim, transcrevo a relação de filhos da tia Maria e do tio Bernardino, tal qual me fora fornecida:

a) Dalcírio Coradini Geremias;
b) Valdir Coradini Geremias;
c) Ediviria;
d) Elisa;
e) Ladionor, ou Claudionor?;
f) Vanilda;
g) Zelia;
h) Dorilda;
i) Isoli;
j) Isolete;
k) Neviton.

Mais sobre a história da família Geremias/Coradini eu não me atrevo a escrever algo com maior profundidade, por pouco conhecer acerca de ambos e de seus descendentes; exceto do filho Ladionor, ou Claudionor, como era conhecido, com quem tive alguma convivência quando muito jovem.

Ladionor, numa determinada época, residiu num período de sua vida, na casa de meus pais, quando eu ainda morava na companhia deles. Ladionor lecionava numa pequena escola primária, nas proximidades de Sanga do Marco, localidade, ao que me parece, pertencente a Araranguá, SC.

Mas logo depois eu saí de casa para tentar a vida em outro lugar, e Ladionor continuou a morar na casa de meus pais, pelo menos era lá que fazia as refeições e dormia durante a semana, junto aos meus pais e irmãos.

Bem mais tarde, sei que Ladionor casou-se com a Terezinha (parece que este é o nome dela, não sei se está certa a grafia), formou uma família grande e que todos ou quase todos moravam em Tramandaí, RS. Sei que muitos da família ainda moram naquela cidade litorânea e em Imbé, RS, cidade contígua, também litorânea.

Mas depois que eu saí da casa de meus pais, só em 1980 reencontrei Ladionor, quando eu era Promotor de Justiça na Comarca de Osório, e ele e a Terezinha, a esposa, fizeram-me uma surpresa ao me visitar em minha residência. Depois eu e a Alice, minha esposa, e também as filhas, fomos saborear um churrasco em Tramandaí a convite deles; mas de lá para cá não nos encontramos mais.

Então, por falta de mais elementos e para não cometer algum erro, abstenho-me de tecer mais comentários a respeito da família da tia Maria Coradini e do tio Bernardino Geremias, que por muitos anos moraram na cidade de Meleiro, SC.

Da tia Hermínia Coradini, também muito pouco tenho a dizer sobre ela; eu tive contato com ela quando eu tinha poucos anos de idade. De alguma coisa eu me lembro; mais sobre o comportamento dela quando estava sentada, por exemplo; ela ficava se balançando, como ocorre com alguns autistas hoje. Falava muito mal; mas alguma coisa dava para entender do que ela dizia. Demonstrava uma certa debilidade mental; andava um tanto curvada para frente; mas não demonstrava nenhuma agressividade, que eu, embora bem criança, na época, tivesse notado. Também não me lembro dos parentes mais chegados, principalmente minha mãe, minhas tias e tios, e os meus *nonnos* terem falado alguma coisa a respeito; nem mesmo sobre a maneira de ela se comportar e falar. Tia Hermínia também, assim como o tio Atílio; faleceu cedo; acredito que entre os 20 e 30 anos de idade.

A tia Genoveva, a querida tia Efa, como nós a chamávamos era irmã gêmea da tia Giusepina. Sobre a tia Giusepina, a querida tia Pina, já fiz alguns comentários a respeito do casal, ou seja, dela e do tio Arino, e descendentes, quando abordei alguns aspectos da história familiar.

A tia Efa era casada com o tio Nico (não sei o nome completo dele). Morávamos relativamente perto deles, uns cinco ou seis quilômetros; atrás do Morro do Meleiro, em Novo Paraíso, bem próximo da escolinha primária onde eu estudava.

Muito pouco sei a respeito do casal; mas convivi com eles quando perderam um filho que tinha aproximadamente a minha idade (não me lembro o nome); foi um episódio muito triste. É que um outro primo, aproximadamente com a idade dele também, pegou a espingarda do pai, que me parece chamar-se Alberto, que estava guardada dentro de casa, apontou para a testa do primo, e a queima-roupa, disparou a arma, dilacerando o crânio. Lembro-me como se fosse hoje. Foi um episódio chocante. Não vi ele, que também era meu primo, morto; é que nem podiam deixar; eu era muito criança e poderia até ficar traumatizado com aquele episódio; tal foi o estado deplorável em que ficou o menino, com os miolos todos para fora da caixa craniana. Sei disso pela fotografia que vi; ele ficou irreconhecível com o crânio completamente dilacerado. Todos ficaram impactados com aquela situação muito triste. Os pais caíram em desespero, e não era para menos; tratava-se de uma criança muito querida, filho único do casal – dos meus tios.

Em muito pouco tempo após esse acontecimento, o tio Nico e a tia Efa venderam a propriedade que tinham – eram agricultores – e foram embora para o Estado do Paraná. Até hoje, nunca mais se teve notícias deles; nem mesmo se se recuperaram daquele trauma e se tiveram mais filho; até poderiam, porque a tia Efa era ainda uma jovem mulher.

Pelo que sei, parente nenhum teve mais contato com a tia Efa e o tio Nico. Só se sabe que foram embora definitivamente para o Paraná. Não se sabe se vivem ou não; talvez não, uma vez que já estariam com idade bastante avançada; mas também não se pode dizer que seria impossível estarem ainda vivos. Mas a verdade é que notícia do casal não se teve mais. Nunca mais.

Tia Cecília, bem a tia Cecília, a filha mais nova de meus *nonnos* e, portanto, irmã mais nova da minha mãe, ainda um tanto jovem, acredito que com 28 anos de idade, por aí, abandonou os pais com quem vivia, na localidade de Jundiá, município de Turvo, SC, que já estavam um tanto velhos para os padrões da época, e foi morar com a tia Elena, em Porto Alegre.

Quando eu cheguei em Porto Alegre, tia Cecília não mais morava com a tia Elena. Bem mais tarde, a encontrei. Não me lembro como isso aconteceu. Ela vivia com um homem em estado de união estável. Mas meus encontros com ela em Porto Alegre foram poucos; uns dois ou três; depois, já bem mais tarde, recebi notícia de que ela estava morando na casa de meus pais, na localidade de Sapiranga, município de Meleiro, SC. Fato que constatei poucos tempos depois, quando fui visitar meus pais, como frequentemente acontecia.

Mas pouco depois, a tia Cecília comprou uma casa na mesma localidade de Sapiranga e foi morar sozinha, vizinhando com meus pais, até falecer, alguns tempos depois.

Esse é, então, o pouco que sei da tia Cecília. É que foram poucos os contatos que mantive com ela, depois que ela deixou a casa dos pais; e também porque ela era muito reservada, o que tornava difícil saber alguma coisa a respeito de sua vida particular. Ela faleceu sem deixar descendente. Que Deus mantenha a sua alma iluminada e a conforte para a eternidade.

Assim, acredito ter trazido ao conhecimento de todos alguns esclarecimentos a respeito de todos os irmãos e irmãs de minha mãe, pelo menos o pouco que sempre soube de cada um; excetuando a tia Anna, que sequer sabia até pouco tempo que ela existia, assim como a tia Ultéria; mas Deus sei que sempre também iluminou e continuará iluminando a sua alma, abençoando-a e confortando-a para toda a eternidade; é o meu desejo de que a bênção divina seja estendida a todos, ou seja, desde os meus *bisnonnos* maternos, até o último descendente que deixou o nosso convívio material.

XXX OUTRA DURADOURA CONVIVÊNCIA AMOROSA

Vivi alguns períodos de minha vida enfrentando momentos de muita solidão – antes de casar e depois de minha viuvez. Nunca ouvi falar que viver solitariamente faz bem a alguém; eu pelo menos nunca fui feliz vivendo sozinho; e a solidão não é só estar só, isolado de qualquer outra pessoa; não. Pode também haver solidão na multidão; mesmo rodeado de pessoas, pode alguém se sentir solitário; e comigo já aconteceu algumas vezes. É que se não se tem junto de si uma pessoa de que gosta de verdade, pode-se sentir solitário, ainda que ao lado de outra ou outras pessoas.

Eu já me senti com a sensação de que aos poucos a vida ia ficando desbotada. Pode ser a angústia, que dissimuladamente aos poucos vai chegando, e devagarinho, sem que se perceba, num pequeno descuido, pode aninhar-se num coração desprotegido, talvez carente de amor. Muitas vezes senti isso acontecer. Mas com uma pequena dose de domínio das emoções, a exclusão pode ser aos poucos sentida. É que no nosso dia a dia, por vezes, o pensamento gira em torno de si mesmo. Salpicado de pequenas doses de temor, de tristeza, de alegria, de insatisfação, de esperança e desesperança, num colorido mesclado, imitando um sonho indefinido, sem uma perspectiva de interpretação próxima à realidade.

Mas, diante de tanta fragilidade, às coisas parecem às vezes, e de repente, se recomporem, e tudo mudar para uma outra realidade, que se parece com um verdadeiro sonho.

Em 1994, tudo mudou para mim. É que a Sandra – Sandra Gomes Toscani é o nome completo dela – de repente apareceu na minha vida emocionalmente fragilizada. Daí para frente, a Sandra e eu tivemos alguns encontros de namorados; mas não tão seguidos. Até que eu ainda um tanto despreparado para acolher uma mulher digna de se tornar uma companheira de todas as horas, mas com o coração partido, dela me afastei. É que a mãe da Sandra, a Dona Olga, mulher de respeito e muito correta, por várias vezes me pediu para não fazer a sua filha sofrer; talvez porque via em mim pessoa um tanto distante naquele momento. Tive que me afastar; mas sem antes dizer à Sandra que ela era uma mulher digna de uma convivência sadia com um homem; de uma união estável, de um casamento.

Depois de alguns anos de separação, com raros encontros casuais ou não, como amigos – sei que por isso ela muito sofreu –, um dia eu estava fazendo um lanche numa cafeteria no Shopping Bourbon Ipiranga, Porto Alegre, de repente vi a Sandra, sem ela me ver, empurrando um carrinho de compras no sentido da porta de saída da frente do supermercado, para apanhar um táxi; mas quando ela estava passando por mim, eu, sentado a uma mesa, de imediato me percebeu e eu a chamei para tomar um café comigo. Pedi para ela retornar e colocar o carrinho com as compras próximo ao Guarda, dentro do supermercado e pedir para ele dar uma olhada por alguns minutos. Ela aceitou o meu convite e foi tomar um café comigo depois de deixar o carrinho aos cuidados do Guarda.

Depois fui levá-la de carro na casa dela e dali para frente passamos a nos encontrar com mais frequência, agora já com mais confiança renovada dela em mim.

Passou com o tempo a frequentar minha casa; eu a dela; passamos a viajar juntos novamente e, de repente, lá pelo ano 2010, comprei um apartamento em Gramado; eu já tinha uma casa na Praia de Remanso, em Xangri-lá, e continuamos a alimentar um namoro bastante sólido, com uma convivência mais aproximada, mais íntima, até que, ao percebermos, estávamos morando juntos no meu apartamento no bairro Petrópolis, Porto Alegre, e o apartamento dela no bairro Santana, também em Porto Alegre, continuou e continua até hoje como estava antes. Frequentemente vamos lá, e por vezes até dormimos, mas morar, morar mesmo, já há anos, é no meu apartamento.

Mas com muita frequência vamos para o apartamento de Gramado, e também para o apartamento na Praia de Capão da Canoa; apartamento que negociei com a Casa de Remanso, em Xangri-lá, RS. Assim vamos levando a vida; às vezes, inclusive, viajando, como fizemos há pouco – um Cruzeiro para a Itália, passando por vários outros países, até Veneza; depois Verona, Pádova e por fim Milão, de onde retornamos para Porto Alegre, e aqui estamos até hoje, depois de permanecermos uns dias em Capão da Canoa, para ficarmos um pouco mais distante da tragédia causada pela enchente, nunca vista igual, que abalou não só Porto Alegre, mas praticamente a todos os municípios gaúchos. Com muitas mortes e muitas perdas materiais. Comoveu todo o pais e boa parte do mundo.

Meu irmão Celso (o Zezo) e esposa, Teresinha, perderam tudo, a casa mobiliada em Cachoeirinha, RS, e outros pertences. Minha filha Adriana e meu genro Paulo Malanga perderam os consultórios de Psicologia e Médico – dois consultórios – com tudo o que tinha dentro, como aparelhos diversos, livros, móveis, etc., na cidade de Eldorado do Sul, RS, bem próxima a Porto Alegre. Tudo virou lixo. Em casa não foram atingidos; é que eles residem em Porto Alegre, no bairro Três Figueiras, lugar alto; assim como eu e a Sandra, que, Graças a Deus, nada sofremos. Felizmente as perdas sofridas por meu irmão e cunhada, minha filha e genro foram tão somente de natureza material. Mas no município de Cruzeiro do Sul, RS, o genro de minha sobrinha e a filha dele foram tragados pelas águas, e desapareceram. Foi muito triste para todos. A vida segue e o destino de cada um ninguém pode mudar.

CONCLUSÃO

A possibilidade de se concluir um trabalho da natureza deste que ora se cuida, com aquela pretensão inicial absoluta no sentido de se preencher todos os espaços que se quer abranger de forma pronta e acabada, acredito ser um sonho que dificilmente pode ser alcançado. É que não depende da vontade exclusiva e própria do autor, mas de muitos outros fatores alheios a sua vontade.

Partiu-se, inicialmente, de fragmentos históricos relacionados a dois interesses palpitantes na época, ou seja, o interesse do Governo Imperial brasileiro de colonizar algumas áreas de terra disponíveis no país (e eram muitas); e o interesse de uma grande parcela de agricultores italianos de se aventurarem em Terras do Novo Mundo – do Brasil, especialmente –, para eles a *Terra Prometida*.

Em função de dificuldades cada vez mais acentuadas surgidas entre colonos italianos, um pouco depois de meados do século XIX, começou a surgir um movimento migratório que visivelmente ia aumentando em decorrência de vários motivos, que cada vez mais se ampliavam no âmbito daquela sociedade já debilitada; e mais, surgindo ainda outros problemas com a questão da conhecida Unificação Italiana, que ocorreu em 1871. Até então, a Itália era toda fragmentada, resultando daí também muita insegurança jurídica.

Não existia um só Estado italiano, apesar de haver algumas coisas em comum, como a língua, mas não de forma absoluta, porque havia muito dialeto, que às vezes dificultava a comunicação entre todos os habitantes da Península; os costumes, sentimentos patrióticos, etc., entre os integrantes das unidades que se consideravam autônomas, como ducados, reinados, principados, e outros, e que tinham entre si um certo vínculo de afetividade e de solidariedade; tanto é que todas essas unidades autônomas da época concordaram com a unificação e, por conseguinte, com a formação de um só Estado italiano, soberano e independente.

A unificação coincidiu com o início da industrialização, que foi deixando para trás muitos agricultores, por não conseguirem acompanhar o desenvolvimento da tecnologia, por falta de condições econômicas, privilégio que passou a ser exclusivo dos grandes proprietários, dos feudatários, que aos poucos foram aniquilando os colonos mais fracos, ou seja, do colono sem condições de competir economicamente com eles, que a cada dia iam se tornando mais poderosos e dominadores. Por isso, os fracos colonos passaram a vender o que tinham e a depender do feudatário, que ia adquirindo suas terras e depois as arrendando a eles; e passando a explorar aqueles que um dia foram proprietários e que agora trabalhavam a terra para dela tentar retirar o sustento seu e de toda a família; e a exploração era tanta que ao chegar a época da safra, nada lhes sobrava, a não ser dívidas para pagar.

Com tanta exploração a que eram submetidos os colonos, principalmente do norte da Itália, e tantos outros infortúnios, o movimento migratório foi tomando força e corpo; foi aumentando até chegar o dia em que aquela situação passou a se tornar insustentável, e aí, ante a propaganda feita por funcionários contratados pelo escritório brasileiro instalado na França, para induzir e levar colonos italianos para o Brasil, o movimento dos italianos se intensificou ainda mais e o entusiasmo também cresceu tanto, que dali para frente seria impossível segurar em solo italiano toda aquela gente sofrida.

Não tardou muito, e uma grande leva de italianos foi organizada para emigrar para o Brasil sob promessas e mais promessas, até um certo ponto enganosa, de que em terras brasileiras seria fácil ganhar muito dinheiro e, depois, quem quisesse, poderia retornar à terra natal, à Itália.

A primeira leva de emigrantes italianos seguiu para o Porto de Havre, na França, embarcando no Vapor Rivadávia para o Brasil. Dois ficaram no Rio de Janeiro e os outros 292 seguiram para Azambuja, distrito de Tubarão, para dar início à Colonização. Mas o sonho inicial acabou em pesadelo quando passaram a perceber que quase nada do que lhes fora prometido inicialmente estava sendo cumprido. Esses novos colonos, agora imigrantes, enfrentaram um verdadeiro inferno. Tudo estava por ser feito. Tiveram que habitar em ranchos cobertos de palha; enfrentar toda sorte de dificuldade, como animais ferozes; muitos peçonhentos; mata virgem por desbravar e até mesmo bravos índios, conhecidos por bugres no sul de Santa Catarina. Todos tiveram de enfrentar aquela terrível situação, porque o retorno agora à terra natal se tornara impossível.

Integrando essa leva de imigrantes em Azambuja, em 1877, estavam os meus *bisnonnos* Coradini e filhos; mais tarde, por volta de 1881 meus outros *bisnonnos* maternos, a família Moretto, chegaram, e dentre os filhos se encontrava a pequena Carolina Moretto, com menos de um ano de idade, que mais tarde viria a ser a minha *nonna*, depois de contrair núpcias com Antonio Coradini, já nascido no Brasil, que viria a ser meu *nonno*.

O trabalho de pesquisa se estendeu e foi abranger outros fatos ocorridos na Itália, alcançando a fonte que deu origem ao sobrenome Coradini. Antes, nome de lugares, de cidade e até mesmo de pessoas, mas com grafia absolutamente diferente, até chegar ao sobrenome Corradini, que depois evoluiu para Coradini, como continua atualmente.

Para dar por finalizado este trabalho, cujo tema nuclear é a *emigração* e, consequente *imigração* italiana, em terras brasileiras, que deu origem à Colonização Italiana Sul-Catarinense com a participação da família Coradini/Moretto, dentre muitos outros italianos, com início em 1877, em Azambuja, localidade à época pertencente ao município de Tubarão, SC, tive que abandonar algumas partes vinculadas diretamente às famílias Coradini/Moretto, que entendi pudessem ficar de fora; mas não pelo fato de serem menos relevantes no cenário da pesquisa, mas em virtude da dificuldade em encontrar e coletar os elementos que viessem de forma decisiva contribuir para com o preenchimento de algumas lacunas ainda existentes e, assim, completar e unir os elos que ainda faltavam para dar maior consistência e visibilidade ao clã formado pelos Coradini/Moretto propriamente dito, em terras catarinenses, mais especificamente em Azambuja, à época distrito de Tubarão.

Esses pontos de dificuldades que encontrei para trazer à tona alguns dados a mais, para o seio do clã, podem ser identificados como sendo a quase extinção de grupos familiares em função do tempo transcorrido, que aos poucos foi se tornando realidade e dando lugar à miscigenação de grupos inteiros, com a formação de famílias com sobrenomes absolutamente distintos, que foram tomando o lugar dos sobrenomes originários, que perduraram por longos anos, mas que aos poucos não só foram perdendo a visibilidade, mas também desaparecendo quase que por completo, com pouca possibilidade de identificação desses sobrenomes para novamente serem recompostos e continuarem integrando essas tradicionais famílias.

Assim, no lugar dos Coradini/Moretto, outros sobrenomes foram se agrupando e formando famílias de diferentes linhagens, mas isso em alguns ramos dessa grande família que se agigantou ao longo do tempo, que deu e continua dando a sua inestimável parcela de contribuição à Colonização Sul-Catarinense, que tem prosperado e aumentado cada vez mais.

Então, o objetivo inicial, que era o de formar uma grande árvore genealógica, teve de ser alterado em alguns aspectos para ficar adstrito àquelas famílias, e cujo desenvolvimento eu pude acompanhar mais de perto e que me facilitou ao fornecer os principais dados familiares de que eu precisei. E, por isso, ante os detalhes que consegui obter, foi possível formar a árvore genealógica um tanto mais restrita, ou seja, a partir da família de meus pais: Antonio Bento da Silva e Aurora Coradini da Silva, bem como dos meus tios Arino Bento da Siva e Giusepina Coradini, os quais, como fora salientado, são dois irmãos casados com duas irmãs, que deixaram um número bastante significativo de descendentes espalhados pelo Brasil e por outros países também.

Mas a história dos Coradini/Moretto, formada a partir de Azambuja, SC, não se restringiu a essas duas famílias apenas; não também sobre os demais sobrenomes, a partir dos meus *bisnonnos* Simone Corradini (Coradini) e Pietro Moretto, cujas famílias também foram formadas; ainda que bem mais restrita, a história também foi contada e ressaltados os pontos principais de que, por ciência própria, eu tive e tenho conhecimento.

Em Azambuja não me parece que ainda se possa encontrar algum remanescente das duas famílias (Coradini/Moretto); se existe é muito difícil de se localizar; acredito que todos de lá se afastaram e, aos poucos, foram ocupando a região mais para o sul do Estado; e, contudo, sem muita preocupação, ao que parece, com os sobrenomes dos ancestrais italianos, motivo da existência de todos.

Tanto é verdade que existe pouco, ou pouquíssimo, diria, sobrenome da linhagem Coradini, de forma visível, ostensiva, explícita, naquela região Sul. Os poucos de que se tem notícia com o sobrenome Coradini ainda visível são os descendentes do meu tio David, irmão de minha mãe, que vivem na região Sul-Catarinense, mas com tendência ao desaparecimento, em pouco tempo talvez; contudo, há a esperança, ainda que um tanto remota, de que possa se regenerar e ampliar essa linhagem ao longo do tempo com a visibilidade completa do sobrenome Coradini, mais a partir dos remanescentes desse meu tio David Coradini, cujos netos ainda ostentam esse sobrenome e, talvez, alguns bisnetos. Mas com muito menos probabilidade de vingar, pode-se constatar, está a linhagem Moretto, a partir de Azambuja.

Mas, por outro lado, ainda que pareça paradoxal, existem muitos Coradini e Moretto; mas com o passar dos tempos, esses sobrenomes foram tornando-se ocultos no seio familiar, em função da proliferação de parentescos advindos de casamento dos descendentes, principalmente quando o cônjuge varão é oriundo de outra linhagem estranha àqueles sobrenomes Coradini/Moretto.

É que aí tem-se observado que registram os filhos tão somente com o sobrenome do pai, ignorando quase que por completo o sobrenome da mãe advindo como consequência a não visibilidade do sobrenome materno; sem, contudo, esse sobrenome deixar de existir, permanecendo no seio familiar, mas de forma oculta, invisível, como já salientado.

Contudo, o objetivo inicial da pesquisa era tornar conhecido alguns fragmentos históricos das famílias italianas Coradini e Moretto para, depois, com detalhes, delinear o mapa genealógico da origem dos atuais descendentes; ou seja, desses que se tornaram grandes famílias, com ramificação em outros Estados, em especial, no Rio Grande do Sul; mas desde logo, sentindo dificuldade e, até mesmo, a impossibilidade de tornar real tal desiderato, optei por sintetizar a pesquisa por onde fosse mais viável trazer à tona os principais dados com mais amplitude sobre esses dois sobrenomes: Coradini/Moretto, de forma a manter a fidelidade da origem, na obtenção dos principais elementos que permeiam e circundam, ao mesmo tempo, esses dois importantes ramos das duas famílias italianas, que ajudaram a povoar e a expandir a Colonização Sul-Catarinense, com inicio em Azambuja, SC.

E foi assim que procurei pautar a pesquisa, reavivando e aglutinando os elementos que se encontram dispersos, quase perdidos no tempo e, simultaneamente, atendo-me, com mais profundidade e detalhamento, no que diz respeito àqueles familiares que se encontram mais próximos; ou seja, naqueles familiares com quem eu tive a grata satisfação de conviver, ou, pelo menos, de ter mantido em todos os meus anos de vida, uma maior proximidade, ainda que não física, mas pelo menos de forma sentimental, afetiva, em função da contemporaneidade no curso da existência.

Então, ao invés de fazer a descrição de uma árvore genealógica das famílias Coradini/Moretto, do início aos tempos atuais, mais abrangente, ante a dificuldade de obter maiores dados, até mesmo por falta de interesse de alguns parentes mais distantes em revelar detalhes familiares, optei pelo aprofundamento em alguns aspectos mais conhecidos e que para o momento foram tidos como mais importantes, e que foram vivenciados no tempo para, a partir de fragmentos históricos encontrados, concentrar com fidelidade e de forma mais específica, o desenvolvimento do clã, integrado por famílias mais próximas, com destaque a pontos mais relevantes observados no curso do tempo.

Sem falsa modéstia, mas com um pouco de vaidade e até de orgulho, talvez, é que me propus a escrever algo particular a meu respeito, mas vislumbrando a possibilidade de também servir de estímulo, incentivo, àqueles que por descuido permaneceram de forma um tanto inerte no tempo, sem muito se preocuparem com o processo de desenvolvimento, mais especificamente no que diz respeito ao aspecto cultural dos filhos que foram gerados ao longo do tempo e que poderiam, caso melhor fossem instruídos, terem alcançado uma vida menos dura ao longo da história da vida familiar.

Sem estudo, sabe-se que a vida cada vez mais se apresenta difícil, e a tendência é de se agravar. E a própria sociedade se encarrega de selecionar e acolher aquele que melhor se prepara para o exercício das mais diversificadas atividades, que a cada dia vão exigindo mais aprimoramento em consequência de uma tecnologia mais avançada que vai surgindo.

Não se pode olvidar que atualmente já existe a inteligência artificial, que por sua vez exige conhecimento cada vez mais especializado e aprofundado do profissional de diversas áreas de conhecimento. E como lidar com tecnologia tão avançada, se não houver adequado preparo para dominá-la com eficiência e dela obter os resultados que ela pode proporcionar?

Mais destaques poderiam ter sido feito; mas tudo ficou na dependência dos dados familiares fornecidos ante pedidos formulados com bastante antecedência. Poucos, porém, se dispuseram a fornecer os dados necessários, solicitados em tempo hábil. E o mais inusitado é que já houve até certa desconfiança de que poderiam vir a ter algum prejuízo, caso se propusessem a fornecer mais detalhes que eventualmente se revestissem de alguma importância no seio familiar. Isto que nada mais do que nome, sobrenome, idade dos descendentes fora solicitado. A não ser mais detalhes, a critério de cada um, sobre determinada profissão de um membro familiar, ou de grau de instrução, por exemplo, que tivesse sido solicitado; mesmo assim, foi ignorado sem qualquer motivo aparente. Por isso, não foram dados destaques a muitos que por certo mereciam, apenas por falta de informação adequada e oportuna.

Mas, enfim, o trabalho de pesquisa sobre a família Coradini/Moretto foi realizado e concluído com os elementos que foram possíveis de serem obtidos, ainda que não de forma satisfatória em alguns aspectos, mas dentro do previsto, e com a fidelidade possível.

Até aqui, foram muitas as dificuldades, mas valeu a pena o esforço, até mesmo a viagem que fiz à Itália, em especial a Verona, embora não tenha sido possível ir até o interior daquela Província, por circunstâncias alheias à minha vontade, como na Vila Bartoloméa, Spinimbecco e Sanguinetto, na região do Vêneto, de onde são originários meus *bisnonnos*, para me certificar de mais alguns detalhes que viessem a enriquecer a pesquisa realizada.

Mas desde já não descarto a possibilidade de que venha este trabalho a ser complementado no futuro com outros eventuais elementos que possam surgir em novas pesquisas ou em alguma informação de forma espontânea por algum parente interessado em contribuir para manter vivos os laços das famílias Coradini/Moretto, imigrantes e também colonizadores do Sul de Santa Catarina. E, quem sabe, realizar-se, ainda, uma pesquisa mais abrangente que venha possibilitar a conexão entre os Coradini/Moretto do Sul-Catarinense, com os Coradini/Moretto do Rio Grande do Sul.